LE GUIDE 2024 FORMULE 1

JEAN-LOUIS MONCET
ALAIN PERNOT

LE GUIDE 2024 FORMULE 1

ENJEUX - ÉQUIPES - GRANDS PRIX - STATISTIQUES

MARABOUT

La saison 2024 mettra en scène des poids lourds de la Formule 1. Lewis Hamilton, Max Verstappen et Fernando Alonso pèsent douze titres mondiaux. Adrian Newey est associé à 25 consécrations mondiales. Ils sont ici réunis au Grand Prix du Canada 2023.

SOMMAIRE

LES VINGT CONCURRENTS

N°	PILOTE	VOITURE	ÉCURIE
1	Max Verstappen	Red Bull-RBPT Honda	Oracle Red Bull Racing
2	Logan Sargeant	Williams-Mercedes	Williams Racing
3	Daniel Ricciardo	Racing Bulls-RBPT Honda	Visa RB Cash App
4	Lando Norris	McLaren-Mercedes	McLaren
10	Pierre Gasly	Alpine-Renault	BWT Alpine F1 Team
11	Sergio Pérez	Red Bull-RBPT Honda	Oracle Red Bull Racing
14	Fernando Alonso	Aston Martin-Mercedes	cognizant Formula One Team aramco
16	Charles Leclerc	Ferrari	
18	Lance Stroll	Aston Martin-Mercedes	cognizant Formula One Team aramco
20	Kevin Magnussen	Haas-Ferrari	MoneyGram Haas F1 Team
22	Yuki Tsunoda	Racing Bulls-RBPT Honda	Visa RB Cash App
23	Alexander Albon	Williams-Mercedes	Williams Racing
24	Guanyu Zhou	Sauber-Ferrari	Stake F1 Team
27	Nico Hülkenberg	Haas-Ferrari	MoneyGram Haas F1 Team
31	Esteban Ocon	Alpine-Renault	BWT Alpine F1 Team
44	Lewis Hamilton	Mercedes	AMG Petronas Formula One Team
55	Carlos Sainz Jr.	Ferrari	
63	George Russell	Mercedes	AMG Petronas Formula One Team
77	Valtteri Bottas	Sauber-Ferrari	Stake F1 Team
81	Oscar Piastri	McLaren-Mercedes	McLaren

LE CALENDRIER DES 24 GP

GRAND PRIX	DATE	CIRCUIT
Bahreïn	2 mars	Sakhir
Arabie saoudite	9 mars	Djeddah
Australie	24 mars	Melbourne
Japon	7 avril	Suzuka
Chine	21 avril	Shanghai
Miami	5 mai	Miami
Émilie-Romagne	19 mai	Imola
Monaco	26 mai	Monaco
Canada	9 juin	Montréal
Espagne	23 juin	Barcelone
Autriche	30 juin	Spielberg
Grande-Bretagne	7 juillet	Silverstone
Hongrie	21 juillet	Budapest
Belgique	28 juillet	Spa-Francorchamps
Pays-Bas	25 août	Zandvoort
Italie	1er septembre	Monza
Azerbaïdjan	15 septembre	Bakou
Singapour	22 septembre	Singapour
États-Unis	20 octobre	Austin
Mexico	27 octobre	Mexico
São Paulo	3 novembre	Interlagos
Las Vegas	23 novembre	Las Vegas
Qatar	1er décembre	Losail
Abu Dhabi	8 décembre	Yas Marina

Sauf en cas d'actualités exceptionnelles, le groupe Canal+ diffuse l'intégralité des grands prix. L'émission « La Grille » démarre une heure avant le départ des grands prix. L'émission « Formula One » - le débriefing du grand prix - est diffusée à la suite du podium et dure environ quarante-cinq minutes.

Max Verstappen – ici lors de son sacre à l'arrivée de la course sprint du Grand Prix du Qatar 2023 – tentera de remporter cette année un 4e titre consécutif, performance uniquement réalisée par Juan Manuel Fangio, Michael Schumacher, Sebastian Vettel et Lewis Hamilton.

ENJEUX 2024

Ce n'est pas un hasard si le magazine *Forbes* vient de placer le groupe propriétaire des droits commerciaux de la F1, Liberty Media, en tête des empires économiques liés au sport. Depuis la série *Formula 1 : Pilotes de leur destin* (*Drive to Survive* en version originale) de Netflix, la Formule 1 a le vent en poupe. Boostée par cette nouvelle audience, la discipline reine du sport automobile nous propose d'ailleurs cette année un calendrier record avec pas moins de 24 grands prix. Du jamais-vu.

La saison 2024 s'annonce importante pour la F1 car une nouvelle domination outrageuse de Red Bull pourrait contrarier les plans d'expansion des promoteurs. Heureusement, la concurrence n'a pas ménagé ses efforts durant l'intersaison et l'espoir est permis de voir quelques écuries bousculer le commando champion du monde mené par un Max Verstappen au sommet de son art.

ATTRAPE-MOI SI TU PEUX !

Après une saison 2023 marquée par l'ultra-domination de Max Verstappen et de l'équipe Red Bull, la concurrence va-t-elle être en mesure de contester cette suprématie ? Certaines équipes y croient !

22 grands prix disputés et 21 victoires signées Red Bull... Avouez qu'il est difficile de présenter un bilan plus cinglant que celui de Red Bull l'an dernier. Jamais une écurie de F1 moderne n'avait affiché une telle domination. Et pourtant, McLaren, Williams, Ferrari et Mercedes s'étaient, à des époques diverses, chargées de placer la barre très haut en la matière ! Optimisée dans les moindres détails, la machine Red Bull opère avec l'efficacité d'un rouleau compresseur dont les effets redoutables sont amplifiés par le nombre grandissant de grands prix (22 en 2023, 24 cette saison)...

Est-il envisageable qu'une machine aussi bien huilée se dérègle à l'abord de la saison 2024 ? Un tel scénario paraît peu vraisemblable. Certes, les plus optimistes argueront que l'histoire de la Formule 1 est ponctuée de nombreux cycles qui s'achèvent un jour. Qui aurait pu imaginer, par exemple, que la puissante équipe Mercedes – si implacable entre 2014

et 2021 - puisse ainsi trébucher en 2022? Pas grand monde, il est vrai. Toutefois, la chute de l'empire Mercedes est intervenue à l'occasion d'un changement de règlement technique, contexte toujours propice à une redistribution des cartes.
La saison 2024 ne présente aucun bouleversement réglementaire de ce type. En revanche, Red Bull aborde 2024 en prenant des risques. Loin de se contenter d'une timide évolution de sa RB19, l'équipe championne du monde a opté pour un nouveau concept au niveau des pontons et du capot moteur. Cette audace va-t-elle renforcer sa position ou bien la fragiliser ? Une certitude : Max Verstappen semble doté d'un appétit insatiable et sa motivation est toujours aussi affûtée, à l'instar de son talent.

À défaut de résulter d'une éventuelle faiblesse de l'équipe championne du monde, le bouleversement de la hiérarchie pourrait bien venir de la réaction de ses adversaires. Quelques équipes fourbissent leurs armes avec la farouche détermination d'opposer à Red Bull une réplique consistante.

Après deux saisons d'errements, Mercedes a décidé de repartir d'une feuille blanche. Son choix de partir sur un concept de monoplace dépourvue de ponton, en 2022, s'est révélé être une impasse technique. Même si la W14 a quelque peu redressé la situation l'an dernier par rapport à sa devancière, elle s'est montrée encore trop capricieuse et trop peu performante pour permettre à Lewis Hamilton et George Russell de menacer le clan Red Bull.

Depuis, l'équipe Mercedes a rappelé à la rescousse l'ingénieur James Allison qui avait pris un peu de distance avec la Formule 1. Il a hérité de la délicate mission de pondre une F1 pouvant lutter pour la victoire. Il est encore trop tôt pour savoir si la W15 permettra à l'étoile de briller à nouveau au firmament de la F1, mais il est certain que Lewis Hamilton et George Russell sont prêts à en tirer le maximum. Le septuple champion du monde a démontré l'an dernier qu'il n'avait rien perdu de sa motivation.

À l'instar de Mercedes, Ferrari a opté pour un nouveau concept de monoplace pour la saison 2024. Seule équipe en dehors de Red Bull à avoir raflé une victoire l'an dernier (Carlos Sainz Jr. à Singapour), la Scuderia mise sur une monoplace « nouvelle à 90 % » pour contrer Red Bull. La SF-23 s'était montrée performante en qualifications, comme l'attestent les sept pole positions conquises par ses pilotes, mais elle avait eu du mal à transformer ces performances en résultats tangibles, notamment à cause d'une difficulté à exploiter pleinement ses pneumatiques. Le staff technique de Fiorano espère avoir corrigé ce défaut avec sa nouvelle monoplace.

Très performante en fin de saison dernière, l'équipe McLaren pourrait très bien jouer, elle aussi, les trouble-fête et menacer Red Bull. À l'inverse de Mercedes et Ferrari, elle joue la carte de la continuité technique, ce qui limite les risques de mauvaises surprises. Très impressionnante en début de saison dernière, l'équipe Aston Martin a, elle aussi, de beaux atouts pour figurer aux avant-postes. Reste à voir sur la piste si l'un de ces prétendants parviendra à transformer ses espoirs de gloire en réalité...

LES MÉCANICIENS, CES HÉROS DE L'OMBRE

Personne ne connaît leur nom ou leur visage. Pourtant, les mécaniciens de course sont des rouages cruciaux des équipes de Formule 1.

> "LA SÉCURITÉ ET LES PERFORMANCES D'UN PILOTE REPOSENT AUSSI SUR UNE PARFAITE FIABILITÉ DE CE COMMANDO QUI LUI EST DÉDIÉ CORPS ET ÂME."

Quasi systématiquement, lorsqu'un pilote gagne un grand prix, son premier réflexe est de se jeter dans les bras de ses mécaniciens dès qu'il est descendu de voiture. Ce petit rituel en dit long sur la reconnaissance qu'éprouvent les pilotes à l'égard de ceux qui prennent soin de leur monoplace tout au long de l'année. Et elle est pleinement justifiée car la sécurité et les performances d'un pilote reposent aussi sur une parfaite fiabilité de ce commando qui lui est dédié corps et âme.

Ces mécanos d'élite sont triés sur le volet et se distinguent par leur capacité à travailler sous pression, leur vaste expertise et leur excellente condition physique. Il faut dire que leur planning et leurs responsabilités sont assez chargés sur une semaine de grand prix. Ils arrivent généralement le lundi dans le pays hôte et consacrent le mardi à la préparation des opérations dans le stand. Ils commencent vraiment à toucher aux voitures de course le mercredi matin à 8 h 30 et assemblent châssis, moteur et boîte de vitesses. À la fin de la journée, la voiture doit être en un seul morceau avec un système hydraulique opérationnel et les pleins d'huile et d'eau faits.

Le jeudi matin, la mission consiste à régler la voiture en fonction des consignes transmises par les ingénieurs au chef mécanicien. Idéalement, ce travail d'ajustement doit être réalisé pour 11 heures, heure à laquelle les équipes ont le droit d'allumer les moteurs. Dès que possible, les mécaniciens s'entraînent en vue des pit-stops du dimanche.

Le vendredi, l'intensité monte d'un cran à l'approche de la première séance d'essais libres. Il convient de tout vérifier pour s'assurer que la voiture sera opérationnelle dès le début de séance. Une fois la deuxième séance d'essais libres terminée, les mécanos doivent remettre la voiture à nu afin de supprimer tous les éléments d'acquisition de données qui ne servent que le vendredi. Auparavant, il n'était pas rare que les mécaniciens travaillent très tardivement le vendredi soir, mais le règlement impose désormais un couvre-feu qui commence quinze heures avant la troisième séance d'essais libres (les équipes disposent tout de même de deux jokers pour la saison).

Le samedi matin, généralement, une nouvelle feuille de réglages communiquée par les ingénieurs implique de modifier la voiture en détail. C'est une matinée très intense car après avoir effectué les modifications demandées, il faut vérifier ensuite que la voiture respecte bien tous les points du règlement. À partir de la Q1, la configuration technique de la voiture est figée par le règlement et les interventions des mécaniciens sont donc limitées. Ils peuvent d'ores et déjà se concentrer sur le pit-stop du lendemain où ils auront, une fois n'est pas coutume, un rôle de premier ordre (voir double page suivante).

Même s'il est bien payé, c'est un travail éprouvant qui demande de nombreux sacrifices au niveau familial. Ces mécanos d'élite sont en effet très souvent en déplacement mais voyagent dans des conditions moins confortables que les cadres de l'équipe ou les pilotes. Que ce soit sur les circuits ou à l'usine, ils font des heures à rallonge, même si le couvre-feu imposé par la FIA évite, il faut le reconnaître, certaines dérives du passé.

" AVEC LA MULTIPLICATION DES GRANDS PRIX, LES CONDITIONS DE VIE DES MÉCANICIENS DE LA F1 SE SONT CONSIDÉRABLEMENT DURCIES. "

Avec la multiplication des grands prix (24 prévus cette saison), les conditions de vie des mécaniciens de la F1 se sont considérablement durcies, ce qui provoque des réactions très variées chez les patrons d'équipe. Ainsi, Franz Tost, patron d'Alpha Tauri jusqu'à l'année dernière, n'hésitait pas à dire : « Ceux qui ne sont pas contents peuvent faire autre chose. La porte est ouverte... » À l'inverse, d'autres équipes n'ont pas hésité à revenir sur le sacro-saint principe qui consiste à ce que ce soit les mêmes mécaniciens qui prennent en charge la voiture d'un pilote sur l'intégralité de la saison. « Nous avons commencé à introduire un système de rotation du personnel pour les mécaniciens et certains ingénieurs », confirme Bruno Famin pour Alpine. Ferrari se refuse encore à cette approche. « Il est vrai qu'en fin de saison dernière, on a senti que les organismes étaient particulièrement sollicités, reconnaît Frédéric Vasseur, le directeur de la Scuderia. Néanmoins, je préfère quand même avoir les mêmes mécanos sur toutes les courses, ne serait-ce que pour la bonne exécution des pit-stops. » En effet, pouvoir compter sur un commando parfaitement synchronisé est fondamental dans l'exercice du changement de pneus...

ANATOMIE D'UN PIT-STOP

Une seconde et huit dixièmes. C'est le nouveau record du monde du changement de pneus établi en 2023. Gros plan sur une chorégraphie millimétrée et souvent décisive, dont le déroulement est quasiment imperceptible à vitesse réelle.

À LA VITESSE DE L'ÉCLAIR !

Avec l'obligation de changer au moins une fois de type de pneus en cours d'épreuve, les arrêts au stand peuvent souvent faire basculer l'issue d'une course. Alors qu'un pilote se bat en piste avec acharnement pendant toute l'épreuve, il n'est pas question pour ses mécaniciens de ruiner ses efforts en tâtonnant lorsqu'il s'agit de changer les pneus de sa monoplace. Les 22 mécanos chargés de cette mission sont d'ailleurs surentraînés pour effectuer cette opération en moins de temps qu'il n'en faut pour dire « changement de pneus ».

L'équipe Red Bull est passée maître dans ce domaine. En 2023, elle a en effet remporté pour la sixième saison consécutive le championnat du monde virtuel des changements de pneus calculé sur l'ensemble de la saison. En 2021, elle avait même réalisé neuf des dix meilleurs pit-stops enregistrés cette année-là.

Mais, depuis lors, une équipe est venue contester la suprématie de Red Bull dans cet exercice : McLaren. Le commando orange a démontré sa dextérité dès la saison 2022 en réalisant le meilleur pit-stop de l'année. Elle a récidivé en 2023 en améliorant même le record du monde de la spécialité détenu depuis 2019 par Red Bull en 1"82. Lors du Grand Prix du Qatar, McLaren a réussi à changer les quatre pneus de Lando Norris en 1"80 ! Une performance possible uniquement grâce à un entraînement digne d'une équipe de chirurgiens. Les mécanos préposés aux changements de pneus s'exercent, en effet, tous les jours à l'usine et réalisent une cinquantaine de changements « à blanc » lors d'un week-end de course.

LES MEILLEURS PIT-STOPS 2023 (PAR ÉQUIPE)

1. McLaren : 1"80
2. Ferrari : 1"93
3. Red Bull : 1"98
4. Alpha Tauri : 2"19
5. Alpine : 2"22
6. Aston Martin : 2"33
7. Mercedes : 2"40
8. Williams : 2"45
9. Haas : 2"60
10. Alfa Romeo-Sauber : 2"61

LES PRÉPOSÉS AUX ROUES
Trois mécaniciens interviennent sur chaque roue. Au centre : le préposé au pistolet pneumatique. D'un côté, celui qui récupère la roue démontée ; de l'autre, celui qui installe la nouvelle roue dans l'axe. Mieux vaut être musclé : une roue avant complète pèse 18 kg et une roue arrière en pèse 21.

LE SPOTTER
Placé côté pitlane et tourné vers l'entrée de celle-ci, le spotter a pour mission de s'assurer que la voiture peut repartir sans gêner un autre concurrent. Il envoie un signal par voie électronique.

LE RÉGLAGE DE L'AILERON
Un changement de type de pneus peut parfois nécessiter d'ajuster les réglages de l'aileron avant afin de modifier le niveau d'appui aérodynamique. Deux mécaniciens interviennent alors de part et d'autre de la voiture.

LE LÈVE-VITE
Le règlement interdisant tout système de levage automatique, deux mécaniciens (un à l'avant, un à l'arrière) sont chargés d'élever - puis d'abaisser - la voiture immobilisée à l'aide d'un lève-vite mécanique. Ce dispositif est pivotant à l'avant pour permettre au mécano de s'écarter de la trajectoire avant d'abaisser la monoplace. Deux autres préposés équipés de lève-vite de secours se tiennent en retrait, prêts à intervenir.

LES SOUTIENS
De chaque côté, un mécanicien se place au niveau du réservoir pour maintenir la voiture.

LE PISTOLET À AIR COMPRIMÉ
Produits par la marque italienne Paoli, ils sont généralement programmés pour dévisser lors de la première pression de gâchette et basculer automatiquement en mode vissage à la deuxième. Extrêmement puissants, ces pistolets produisent un couple de 4200 Nm, supérieur à bien des supercars, et tournent à 15000 tr/min! Une fois le serrage effectué, l'opérateur actionne un bouton qui envoie un signal électronique à un boîtier central. En cas de dysfonctionnement, un pistolet de secours est toujours installé à portée de main de l'opérateur.

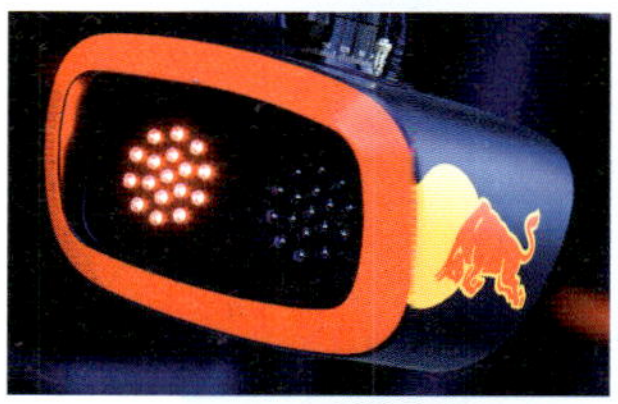

LE FEU DE DÉPART
Un boîtier électronique centralise les signaux envoyés par les opérateurs des quatre roues et par le spotter. Lorsque tous ces signaux sont activés, un feu vert s'allume automatiquement au-dessus du pilote, lui indiquant qu'il peut repartir.

LES ROUES À MONO-ÉCROU
Elles sont équipées d'un mono-écrou solidaire en aluminium. Coûtant près de 1 000 € pièce, ces écrous équipés d'un système de rétention ne sont utilisés qu'une fois. Ils ne nécessitent que trois tours de serrage.

LES INGÉNIEURS METTENT LA GOMME

Sans grip, les roues des F1 ne cesseraient de glisser et les 1 000 chevaux produits par les blocs de propulsion seraient vains. Une augmentation de 10 % du grip permet une réduction moyenne du temps au tour de 4 % : c'est le paramètre qui a le plus d'influence sur les performances, devant la masse ou l'appui aérodynamique. Le comportement des pneumatiques dépend d'un grand nombre de variables. Parmi elles, les températures jouent un rôle crucial.

Les gommes sont constituées d'élastomères auxquels elles doivent leur comportement viscoélastique. Si elles subissent une déformation due aux aspérités de l'asphalte (macro-rugosité entre 100 microns et 10 mm, micro-rugosité entre 1 et 100 microns), un laps de temps s'écoule avant qu'elles ne reviennent à leur état initial : c'est l'hystérèse. Ce phénomène joue un rôle clé dans les deux mécanismes à l'origine du grip : l'indentation (déformation asymétrique de la gomme autour des rugosités) et l'adhésion moléculaire. Pour une fréquence donnée, l'hystérèse est maximale à des températures situées autour de la transition vitreuse. Plus froide, la gomme devient cassante comme du verre (ce qui explique le graining « froid », voir Las Vegas) ; plus chaude, elle est trop caoutchouteuse (risque de « blistering »). Voilà qui explique les fameuses fenêtres de températures dans lesquelles les équipes tentent d'exploiter leurs gommes. Celles-ci dépendent des composés (le C5 a une fenêtre plus basse que le C1), mais aussi des fréquences auxquelles les rugosités de l'asphalte excitent les gommes (loi WLF).

Les températures de surface (bande de roulement) sont très versatiles (graphe 1). Elles augmentent en virage, notamment à cause du glissement excessif des pneus (en latéral et en longitudinal) et refroidissent en ligne droite par convection et conduction. En virage, au-delà d'un certain angle entre la roue et la trajectoire de la voiture, la force latérale cesse d'augmenter (graphe 2). Pour ne pas générer de surchauffe superflue due aux glissements, les pilotes doivent soigner leur coup de volant. Conséquence du transfert de charge, les pneus extérieurs (pneus gauches pour virage à droite) surchauffent davantage. De manière similaire, les pilotes doivent faire preuve de délicatesse vis-à-vis de la pédale d'accélérateur afin de ne pas dépasser un certain taux de glissement en traction, et utilisent le « LICO » pour adoucir le freinage. Par ailleurs, les ingénieurs cherchent à garder une distribution uniforme de la température sur la largeur du pneu. En qualifications, le rythme du tour de préparation est crucial pour affiner les températures au début du tour rapide. Il faut parvenir à

GAMME DES PNEUS PIRELLI 2024

C1 (BLANC) dur +

C2 (BLANC) dur

C3 (JAUNE) medium

C4 (ROUGE) tendre

C5 (ROUGE) tendre +

INTERMÉDIAIRE (VERT)

PLUIE (BLEU)

chauffer suffisamment la carcasse (graphe 3) grâce aux charges latérales, sans surchauffer les surfaces (glissements), voire être prêt à entamer sa tentative avec des surfaces encore « fraîches » (graphe 1) ou à gérer son attaque au milieu du tour pour éviter la surchauffe dans le dernier secteur. En 2023, à Abu Dhabi, Bonnington demandait ainsi à Hamilton de gérer son virage 9 pour éviter de surchauffer l'arrière dans les 15-16.

Les températures de carcasse, elles, sont plus stables d'un virage à l'autre : c'est au fil des tours que leur évolution doit être surveillée. Les pilotes doivent être prudents en début de relais, ce qui peut être piégeux en cas d'undercut. En 2018, à Monza, Räikkönen surchauffait ses mediums arrière à la suite de son arrêt en reprenant 6 secondes en 6 tours à Hamilton. Le septuple champion du monde prenait, lui, soin de ne pas dépasser les 131 °C fixés par Bonnington. Cette gestion lui permettait d'avoir un rythme plus soutenu une fois les carcasses stabilisées, et de dépasser la Ferrari au 45e tour. Au fil des tours, le pneu perd de l'épaisseur et conserve moins de chaleur. Les ingénieurs avertissent les pilotes que « les pneus ont atteint le pic » et qu'ils peuvent attaquer davantage. Néanmoins, les chronos en fin de relais resteront généralement moins bons qu'au début, du fait de la dégradation de la surface. Le maintien en température des carcasses peut être problématique sur les circuits à faible charge latérale, ou lors des SC/VSC.

Le grip généré dépend de nombreux autres paramètres interdépendants (pression, carrossage, charge aérodynamique, etc.). De l'aveu du responsable du département « Analyse des performances des pneus » d'une équipe, « leur comportement reste mystérieux à bien des égards », malgré les progrès effectués ces dernières années et malgré les compléments numériques apportés au modèle de Pacejka, un modèle établi à partir de lois physiques et d'observations phénoménologiques obtenues à partir de résultats d'essais.

Graphe 1 : exemple type de l'évolution des températures de surface au cours d'un tour de qualifications

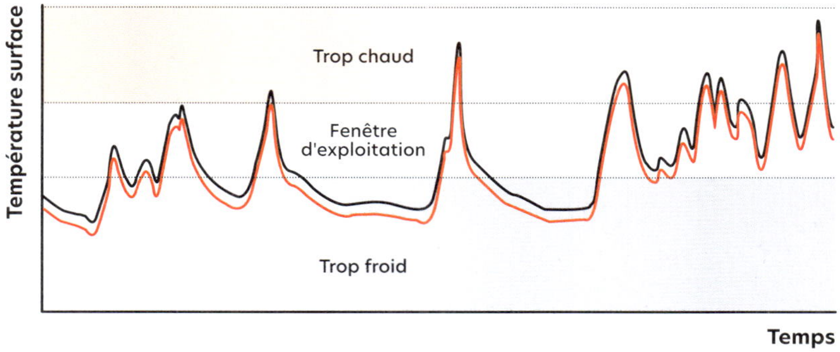

Graphe 2 : relation entre « *slip angle* » (angle de glissement) et force latérale. Plus le pneu est malmené, plus l'angle de glissement est important

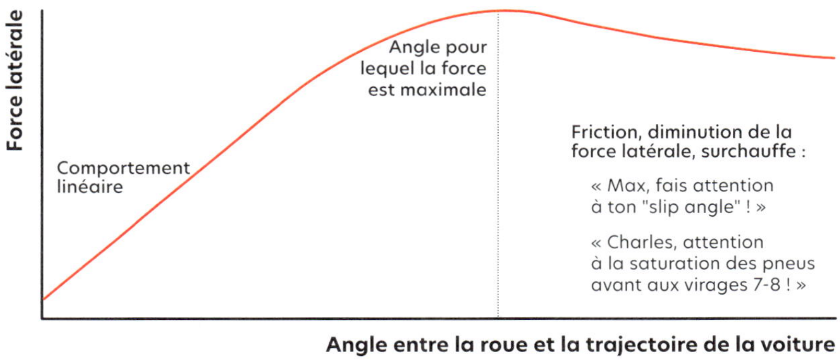

Graphe 3 : exemple de l'évolution de la température carcasse au fil des tours

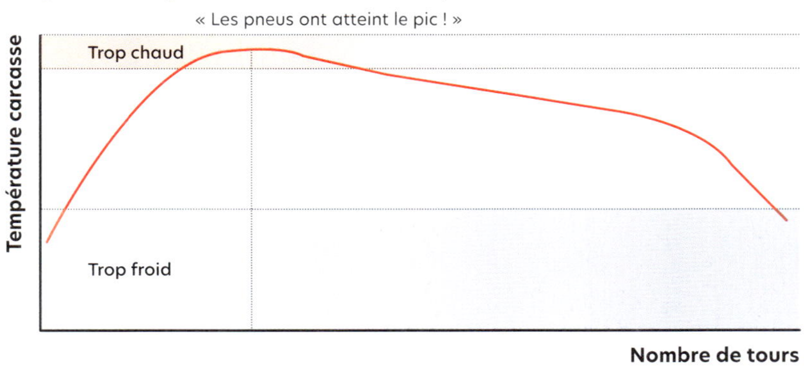

FRENCH TOUCH À FIORANO

Un an après sa nomination à la tête de la Scuderia Ferrari, Frédéric Vasseur met en place sa touche personnelle qui a su convaincre Lewis Hamilton de rejoindre Ferrari en 2025.

> " LA NOMINATION DE FRÉDÉRIC VASSEUR À LA TÊTE DE LA SCUDERIA N'EST PAS SANS RAPPELER LA PRISE DE FONCTION DE JEAN TODT EN 1993. "

Un Français à la tête de la Scuderia Ferrari… voilà qui rappelle des souvenirs. Lors de la nomination de Frédéric Vasseur, grande était la tentation d'établir un parallèle avec la prise de fonction de Jean Todt en 1993. Avec la rigueur qui le caractérise, le manager français avait réussi à créer au sein de l'équipe italienne une dynamique qui avait convaincu Michael Schumacher et des ingénieurs de talent comme Ross Brawn et Rory Byrne de poser leurs valises à Fiorano. Avait suivi une des périodes les plus glorieuses de Ferrari. Sous la houlette de Jean Todt entre 1993 et 2007, la Scuderia a glané 98 victoires, six titres Pilotes (2000 à 2004 et 2007) et sept titres Constructeurs (1999 à

2004 et 2007). Problème : depuis le titre Constructeurs de 2008, Ferrari n'a plus connu les honneurs d'une consécration mondiale, au grand dam des tifosi !

Bien sûr, avec trente ans d'écart, il est délicat d'établir une comparaison entre Todt et Vasseur, mais il faut avouer que l'annonce choc du recrutement de Lewis Hamilton pour 2025 ne peut que rappeler l'épisode Todt. Tout comme celle de Schumacher à l'époque, la venue de Lewis Hamilton va clairement repositionner la Scuderia sur l'échiquier de la Formule 1. Avec un tel champion, toutes les planètes devraient s'aligner naturellement. Les ingénieurs qui hésitaient encore à renforcer le staff technique de Ferrari pourraient désormais facilement se laisser convaincre... Parmi eux, un certain nombre de cerveaux de l'équipe Mercedes qui n'étaient pas forcément en phase avec le pari de 2022 et 2023 du châssis sans ponton.

Ce coup magistral est à porter au crédit de Frédéric Vasseur. Ancien patron de l'équipe ART Grand Prix, le manager français a déjà fait courir Hamilton en Formule 3 en 2005 et en GP2 en 2006. Deux saisons ponctuées par autant de titres. Une période clé dans la formation et l'ascension du pilote anglais. Les deux hommes ont gardé, depuis, des liens indéfectibles qui ont certainement pesé lourd au moment où Lewis Hamilton a décidé de quitter Mercedes, marque qui a soutenu toute son ascension depuis le karting.

Frédéric Vasseur ne manque pas de rappeler qu'un tel projet ne pouvait que s'inscrire sur plusieurs années : « En Formule 1, il y a beaucoup d'inertie lorsqu'il s'agit de recruter des ingénieurs, du fait des clauses de non-concurrence. Une nouvelle recrue n'est parfois opérationnelle que deux ans après la signature... » Dans cet univers où la vitesse est reine, il faut donc savoir s'armer de patience et tout se met parfaitement en place du côté de Fiorano, en vue de la nouvelle réglementation technique qui entrera en vigueur en 2026.

" SOUS LA HOULETTE DE VASSEUR, L'ÉQUIPE FERRARI SE MET EN ORDRE DE MARCHE EN VUE DE LA NOUVELLE RÉGLEMENTATION TECHNIQUE DE 2026. "

Mais, pour autant, le manager français n'a pas manqué d'insuffler dès 2023 un nouvel état d'esprit, plus agressif, au sein de l'équipe. « J'ai essayé de donner confiance au staff technique. Qu'il se sente libre d'aller au bout de ses idées. Et j'ai le sentiment que ça a payé au niveau des stratégies de course en fin de saison... »

L'un des tournants a été le Grand Prix des Pays-Bas. À Zandvoort, les Rouges avaient pris le parti de consacrer leur FP1 et FP2 non pas à la préparation du GP, mais à des expérimentations, comme s'il s'était agi d'une séance d'essais privés. Dès lors, la Scuderia a repris des couleurs. Dans les neuf grands prix qui ont suivi, elle a plus que doublé son capital points et a décroché cinq pole positions. Mieux : elle est la seule équipe à avoir pu arracher une victoire à l'ogre Red Bull, lors du Grand Prix de Singapour. En revanche, elle n'a pas été en mesure de transformer ses autres pole positions en succès. En conséquence, Ferrari n'a manqué la 2e place au championnat que pour trois petits points !

La photo de classe officielle de 2024 ressemblera comme deux gouttes d'eau à celle du Grand Prix d'Abu Dhabi, dernière course de la saison 2023. Les écuries ont conservé les mêmes pilotes.

LES ÉQUIPES

Le plateau 2024 se présente sous le signe de la stabilité. En effet, toutes les équipes abordent cette nouvelle saison avec les mêmes pilotes que ceux alignés sur les dernières courses de l'année précédente. En revanche, cela ne signifie aucunement que le déroulement de la saison sera identique ! Déjà, certaines équipes ont changé d'identité : Alpha Tauri devient Visa Cash App Racing Bulls et Sauber a adopté le nom de son sponsor Stake. Mais, surtout, des équipes comme Mercedes, Sauber-Stake, Haas et, dans une certaine mesure, Ferrari ont fait le choix de revoir profondément leur monoplace alors que la plupart des autres continuent le développement du concept utilisé l'an dernier. La chasse au Max Verstappen est ouverte !

RED BULL

AU SOMMET DE SON ART

Avec 21 victoires en 22 courses, jamais une équipe n'avait autant dominé la Formule 1 que Red Bull l'an dernier. Le commando de Milton Keynes parviendra-t-il à rééditer sa suprématie cette année ? Il en a bien l'intention !

INFOS SUR L'ÉCURIE

Nationalité Autrichienne

Siège
Milton Keynes (GB)

Antériorité en F1
Stewart Grand Prix (1997-1999 : 1 victoire) et Jaguar Racing (2000-2004 : 2 podiums)

Propriétaire
Red Bull
Directeur de l'écurie
Christian Horner
Chief Technical Officer
Adrian Newey
Directeur technique
Pierre Waché
Directeur sportif
Jonathan Wheatley
Responsable de l'ingénierie
Paul Monaghan
Responsable aérodynamique
Enrico Balbo
Ingénieurs de course
Gianpiero Lambiase (Verstappen) et Hugh Bird (Pérez)
Pilote de réserve
Liam Lawson

Arrivé en F1 en 2005 avec tambour et trompette en rachetant Jaguar Racing, Red Bull a réussi à donner des ailes à une équipe jusque-là moribonde. La firme autrichienne l'a même transformée en une des structures les plus redoutables qu'ait connues la Formule 1! La clé de ce succès? Elle tient en une recette aussi efficace que celle de sa boisson énergétique : un esprit commando savamment entretenu par Christian Horner, la foi inébranlable de Dietrich Mateschitz (le fondateur de Red Bull disparu en 2022), un casting pertinent basé autour du génial ingénieur Adrian Newey, des paris bien inspirés et une grande stabilité.
Cette combinaison a permis à Red Bull de connaître une première vague de succès avec le moteur Renault et Sebastian Vettel. C'est simple : de 2010 à 2013, Red Bull a raflé tous les titres mis en jeu ! Seul le passage à la technologie hybride – introduite en 2014 et particulièrement bien préparée par Mercedes – a remis en question cette domination. Déçue par le moteur Renault, Red Bull s'est alors tournée vers le groupe propulseur Honda, jusque-là très décevant. Un pari audacieux bientôt couronné de succès.

Avec le prodige Max Verstappen au volant, Red Bull a retrouvé la voie du succès, et ce sans attendre la faveur d'un nouveau règlement. À l'issue d'une saison 2021 très intense, le jeune Néerlandais a raflé le titre mondial Pilotes lors du dernier tour d'une course au déroulement assez contesté, mettant fin à la domination de Lewis Hamilton. Tirant un meilleur parti de la nouvelle réglementation technique introduite en 2022, l'équipe Red Bull est à nouveau devenue intouchable. En 2023, elle s'est même offert, pour la première fois de son histoire, le luxe de placer ses pilotes aux deux premières places du championnat ! Elle s'est par ailleurs dotée de son propre département moteur à la suite de la décision de Honda de se retirer fin 2021. Désormais totalement autonome, l'équipe Red Bull est plus puissante que jamais. Seules les accusations de comportements inappropriés portées à l'encontre de Christian Horner pourraient la déstabiliser cette saison.

PALMARÈS

Débuts en Formule 1 :
GRAND PRIX D'AUSTRALIE 2005

6 championnats Constructeurs

7 championnats Pilotes

113 victoires

264 podiums

369 courses disputées

7248 points marqués

95 pole positions

95 meilleurs tours en course

ÉVOLUTION DE RED BULL

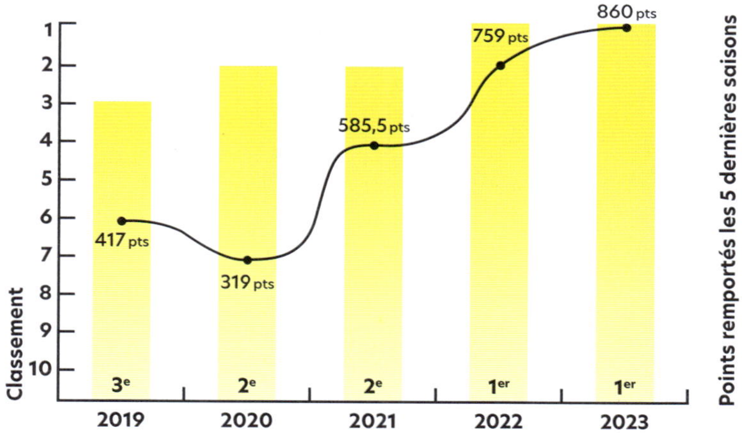

ADRIAN NEWEY
L'homme aux 25 titres

Ce cerveau inventif est le plus convoité de la Formule 1 ! Révélé au sein de l'équipe March Leyton House à la fin des années 1980, Adrian Newey est devenu depuis l'ingénieur ayant conçu le plus de monoplaces victorieuses en F1, que ce soit pour le compte de Williams (1991-1997), de McLaren (1998-2005) ou désormais de Red Bull. Pas moins de douze titres Constructeurs et treize titres Pilotes lui sont associés ! Et s'il dessine encore au crayon sur une planche à dessin, ses concepts sont en revanche à la pointe de la technologie.

→ RED BULL-RBPT HONDA RB20

MAX VERSTAPPEN

Prodige programmé dès son plus jeune âge pour devenir pilote comme ses parents, Max Verstappen est au sommet de son art et enchaîne les records. Qui pourra l'arrêter cette saison ?

33

N°1

ATTRIBUÉ AU CHAMPION DU MONDE EN TITRE

LA FICHE

Nationalité	Néerlandaise
Date de naissance	30 septembre 1997
Écuries successives	Toro Rosso (2015 -2016) et Red Bull (depuis 2016)
Premier GP	Australie 2015
Départs en GP	185
Victoires en GP	54
Pole positions	32
Meilleurs tours	30
Podiums	98
Points marqués	2 586,5
Palmarès	Champion du monde en 2021, 2022 et 2023
Classement 2023	1er

Quand un jeune pilote débute en F1, il trouve toujours quelqu'un, souvent un pilote aguerri, pour lui donner non pas une leçon, mais quelques rudiments, quelques manières de savoir-être, de savoir se comporter. En observant, le jeune pilote apprend. Mais ça, c'était avant. À notre époque, il n'y a plus ces contacts réellement directs, en tout cas aussi profonds. Il faut savoir se construire tout seul. C'est en cela que Max Verstappen fait preuve d'une grande qualité : apprendre de ses erreurs. Non pas en matière de pilotage, car, en ce domaine, il avait peu à apprendre et aujourd'hui, encore moins. En revanche, il sait, il voit et il comprend ce que sa stature de champion du monde exige. Un pilotage parfaitement adaptable en toute circonstance, des qualités de metteur au point extraordinaires et, surtout, une façon non moins extraordinaire de transmettre à ses ingénieurs une agressivité naturelle : il a tout cela. Mais il comprend aussi que sa stature de triple champion du monde doit s'accorder avec sa position de vedette, de la jet-set pourrait-on dire. Il ne peut se satisfaire uniquement de l'admiration que lui portent les Néerlandais. Égaler les plus grands, s'enthousiasmer pour la F1, devenir la personnalité marquante de son sport, tout cela doit être désormais son objectif. Il peut y parvenir.

LE PETIT +

Conférence de presse à São Paulo au Brésil. Verstappen, le vainqueur, raconte qu'il roule en tête vers l'arrivée. Néanmoins, à cet instant, une autre course le passionne : celle que se livraient derrière lui Pérez, son équipier, et Alonso. Il la regarde au passage sur les écrans géants destinés au public... Et manque de perdre le contrôle de sa Red Bull. Il éclate de rire en racontant l'histoire aux médias.

SERGIO «CHECO» PÉREZ

11

Après une mauvaise saison 2023 à l'ombre de son encombrant coéquipier, «Checo» doit se ressaisir! Déstabilisé psychologiquement, il aborde une saison décisive pour la suite de sa carrière.

LA FICHE

Nationalité Mexicaine
Date de naissance 26 janvier 1990
Écuries successives
Sauber (2011-2012), McLaren (2013), Force India (2014-2018), Racing Point (2018-2020) et Red Bull (depuis 2021)
Premier GP Australie 2011
Départs en GP 257
Victoires en GP 6
Pole positions 3
Meilleurs tours 11
Podiums 35
Points marqués 1486
Meilleur classement mondial 2e (2023)
Classement 2023 2e

Il fait partie des soldats. Ni conquérants ni repliés sur eux-mêmes. Mais comme pour certains autres pilotes faisant équipe avec des superstars, le métier n'est pas simple. Avoir Max Verstappen en face de soi ne s'apparente pas à une sinécure, dans une équipe qui privilégie largement ce dernier, en tant que figure de proue. Pourtant, «Checo» possède de vraies qualités, importantes pour un team. Il est probablement le pilote le plus soigneux de tout le plateau de la F1 avec ses pneus, capable de faire une dizaine de tours de plus que ses rivaux. Mais il se relègue souvent lui-même au rôle de faire-valoir. Sa carrière se résume à de très belles performances, mais également à de sévères baisses de tension, une cyclothymie qui surprend ses employeurs. C'était le cas en GP2 (aujourd'hui F2) puis à ses débuts en F1 chez Sauber. Même topo chez McLaren où Ron Dennis, le patron, l'écarte au bout d'une seule saison. Cette expérience McLaren lui coûte cher et la carrière de «Checo» va s'en ressentir. Il va néanmoins s'en relever chez Force India, puis chez Racing Point, où il emporte sa première victoire au bout de 190 grands prix. Son entrée chez Red Bull en 2021 aurait pu lui apporter beaucoup puisque le team figure au sommet, mais il y a Verstappen... L'an passé, «Checo» lui a soufflé deux victoires. Mais pas plus!

LE PETIT +

Sérieux, trop sérieux? À l'inverse de son père que l'on voit souvent jubilant et enthousiaste parmi les spectateurs privilégiés, Checo paraît rarement exalté, mais plutôt désabusé. Il analyse sa course, sans excès. Ses grands yeux noirs fixent l'intervieweur, ils sont méfiants. Il sait se montrer analytique, froid, sincère, responsable. Il se contente de peu, il est l'inverse du cliché des Mexicains explosifs.

MERCEDES

UNE ÉTOILE À REDORER

Troisième en 2022, deuxième en 2023… l'équipe Mercedes va-t-elle retrouver le sommet de la hiérarchie cette saison ? Elle a, dans cet objectif, enfin changé le concept de sa monoplace.

Après s'être longtemps contenté d'un rôle de motoriste partenaire de McLaren, Mercedes a établi sa propre équipe en 2010, sur la base de l'écurie Brawn GP. Un choix très judicieux qui s'est traduit par l'une des plus impressionnantes *success stories* qu'ait connues la Formule 1. En recrutant Lewis Hamilton et surtout en mobilisant toutes les ressources du groupe, Mercedes a parfaitement préparé le passage à la technologie hybride, introduite en F1 en 2014. Bénéficiant d'un avantage technologique incontestable, les Flèches d'argent ont alors aligné une série de huit titres mondiaux Constructeurs. Du jamais vu ! Même Ferrari à l'ère Schumacher s'était contenté de six titres consécutifs… Mais cette belle machine à gagner s'est enrayée en 2022 avec la mise en place d'une nouvelle réglementation technique. Celle-ci changeait la donne au niveau aérodynamique au moment même où le staff aéro de Mercedes était marqué par des départs majeurs – Enrico Balbo parti chez Red Bull et Éric Blandin débauché par Aston Martin. Loin de délivrer le niveau de performance attendu en 2022, le concept de « zéro ponton » a engendré une monoplace instable et inconstante, générant un marsouinage très inconfortable pour ses pilotes, incapables d'exploiter leurs pneus. Pensant avoir trouvé de quoi débloquer le potentiel de ce concept, la firme à l'étoile a poursuivi dans cette voie en 2023. Erreur. L'adoption de pontons

INFOS SUR L'ÉCURIE

Nationalité Allemande

Sièges
Brackley (GB)
pour la partie châssis
Brixworth (GB)
pour le département moteur High Performance Powertrains

Antériorité en F1 de Mercedes
Écurie Mercedes (1954-1955 et depuis 2010) et motoriste (1954-1955 et depuis 1994 : 212 victoires)

Antériorité en F1 de la structure de Brackley
BAR (1999-2005 : 15 podiums), Honda (2006-2008 : 1 victoire) et Brawn GP (1 titre Pilotes et Constructeurs et 8 victoires)

Propriétaire
Mercedes et Ineos
Président et team principal
Toto Wolff
Directeur technique
James Allison
Ingénieur en chef
John Owen
Directeur de l'ingénierie
Giacomo Tortora
Directeur sportif
Ron Meadows
Responsable ingénierie en piste
Andrew Shovlin
Responsable aérodynamique
Jarrod Murphy
Ingénieurs de course
Peter Bonnington (Hamilton) et Marcus Dudley (Russell)
Pilotes de réserve
Mick Schumacher et Frederik Vesti

à partir du mois de mai n'a pas non plus métamorphosé le comportement de la W14.

À défaut de remporter la moindre course (une première depuis 2011), Mercedes a réussi à sécuriser la 2e place au championnat du monde des constructeurs pour trois petits points. Afin de préparer au mieux la saison 2024, le bureau d'études s'est enfin résolu à explorer un concept technique inédit pour la nouvelle Mercedes. Cette W15 constitue la dernière opportunité de voir Lewis Hamilton gagner au volant d'une Flèche d'argent. Le septuple champion du monde a en effet annoncé, juste avant le début de saison, qu'il rejoindrait Ferrari en 2025.

PALMARÈS

Débuts en Formule 1 :
GRAND PRIX DE FRANCE 1954

8 championnats Constructeurs

9 championnats Pilotes

125 victoires

289 podiums

293 courses disputées

7 222,5 points marqués

137 pole positions

105 meilleurs tours en course

ÉVOLUTION DE MERCEDES

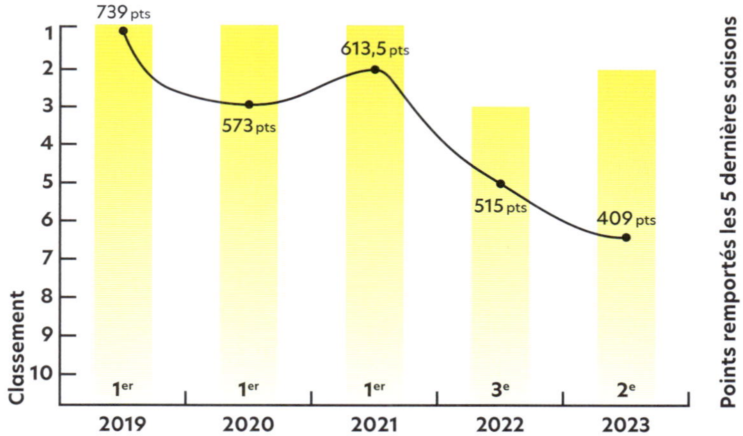

JAMES ALLISON
Attendu comme un sauveur

Après un parcours très riche ponctué par plusieurs passages à Enstone (chez Benetton puis Renault) et chez Ferrrari (1999-2005 puis 2013-2016), ce diplômé de Cambridge a rejoint Mercedes en 2017. Pour des raisons personnelles, il avait souhaité prendre un peu de recul et avait été nommé Chief Technical Officer, un poste éloigné des affaires courantes de la F1. Mais, face à la situation critique de l'écurie, Toto Wolff l'a rappelé à la direction technique courant 2023 pour superviser directement la conception de la W15, échangeant ainsi de poste avec Mike Elliott.

→ MERCEDES W15

LEWIS HAMILTON

Pour sa dernière saison au sein de l'équipe Mercedes avant de rejoindre Ferrari en 2025, le septuple champion du monde est déterminé à terminer cette collaboration par un titre mondial. Chiche ?

LA FICHE

Nationalité	Anglaise
Date de naissance	7 janvier 1985
Écuries successives	
McLaren (2007-2012) et Mercedes (depuis 2013)	
Premier GP	Australie 2007
Départs en GP	332
Victoires en GP	103
Pole positions	104
Meilleurs tours	65
Podiums	197
Points marqués	4 639,5
Palmarès	
Champion du monde en 2008, 2014, 2015, 2017, 2018, 2019, 2020	
Classement 2023	3e

44

Une histoire qui pourrait être un conte pour enfants, presque un conte de fées. Comment un petit garçon qui aimait les voitures télécommandées devient-il champion du monde de F1 ? Un petit garçon anobli par la couronne d'Angleterre, un petit pilote de karting devenu Sir Lewis Hamilton ? Voilà qui fait rêver ! La première partie de sa vie de pilote n'a pas été de tout repos. Il a commis des erreurs et on l'a critiqué malgré d'incroyables qualités : préparation des courses, minutie dans l'approche, passion tactile avec sa machine et, finalement aujourd'hui, sagesse du lion dominant dans la F1. Lors d'une interview accordée à Canal+ vers la fin de la saison passée, il confiait souriant à Margot Laffite qu'il était, enfant, Dennis La Malice, mais un Dennis 2.0. De l'énergie à revendre, et un sens de l'à-propos direct. Le voici aujourd'hui sur une espèce de piédestal d'où nombre de ses rivaux essaient de la faire descendre. Mais il a réussi à cadrer sa progression du kart, du GP2 (aujourd'hui F2) jusqu'à la F1 et sept titres mondiaux. L'un de ses secrets, maintenant qu'il ne s'apparente plus à Dennis 2.0, tient à deux qualités indispensables au champion : être l'auteur de ses propres succès et maintenir une osmose quasi-parfaite avec son équipe. Toto Wolff, le patron du team Mercedes F1, a réussi l'exploit de constituer autour de Lewis un cocon protecteur. Mais ce sera la dernière année car pour 2025, le septuple champion du monde a décidé d'aller renforcer la Scuderia Ferrari où l'attendent beaucoup d'ingénieurs recrutés par Frédéric Vasseur, un team principal que Lewis connaît bien.

LE PETIT +

Une saison de F1 qui sera passionnante à suivre grâce à lui : Lewis Hamilton détient le record des victoires en grands prix et de pole positions, sanctionné par sept titres de champion du monde. Le voilà prêt à en conquérir un huitième pour peu que sa Mercedes lui convienne, ce qui ne fut pas le cas en 2022 et 2023. Sir Lewis ne s'en est d'ailleurs pas caché. Ce serait alors le couronnement de son histoire qui fait rêver.

GEORGE RUSSELL

LA FICHE

Nationalité	Anglaise
Date de naissance	15 février 1998
Écuries successives	Williams-Mercedes (2019-2021) et Mercedes (depuis 2022)
Premier GP	Australie 2019
Départs en GP	104
Victoires en GP	1
Pole positions	1
Meilleurs tours	6
Podiums	11
Points marqués	469
Meilleur classement mondial	4e (2022)
Classement 2023	8e

Avec un Lewis Hamilton sur le départ en fin de saison, George Russell constitue l'avenir de l'équipe Mercedes. Une perspective qui devrait l'aider à se remettre en selle après une saison 2023 en demi-teinte.

63

Être l'équipier de Lewis Hamilton n'est pas une situation facile. Car il n'est pas simple d'être toujours opposé ou d'avoir pour miroir un septuple champion du monde. Russell, exemple typique de la résistance britannique, sait qu'il entre dans « la maison de Hamilton ». Après avoir progressé très correctement en karting ou dans les formules de promotion, il gagne coup sur coup le championnat GP3 en 2017 puis le championnat F2 en 2018, deux succès qui lui offrent une très belle carte de visite. Il va malheureusement déchanter assez vite dès son entrée en F1. Il avait convaincu Mercedes d'intégrer son programme et l'étoile à trois branches le place dans une écurie que le constructeur motorise : Williams. Mais cette dernière n'est même plus l'ombre de la grande équipe qui a gagné plus de 100 victoires en F1. En 2019 et 2020, elle traîne à la dernière place du classement mondial. Pourtant, en 2020, soudain, l'horizon s'éclaircit : Hamilton, touché par la Covid, doit déclarer forfait à Sakhir. Russell le remplace, et même s'il ne gagne pas, il boucle largement plus de la moitié de la course en tête. Il est enfin reconnu. Après cette performance, il sait qu'il doit encore batailler une saison chez Williams avant d'entrer chez Mercedes en 2022. Cette année-là, la Mercedes W13 ne convient pas à Hamilton, Russell s'en accommode et gagne son premier grand prix à Interlagos, tout en devançant Lewis au classement mondial. Mais en 2023, Lewis a retrouvé une détermination nouvelle. La saison a été plus dure pour le grand George. Il doit néanmoins s'accrocher en 2024 pour ne pas perdre de vue qu'en 2025, il pourrait devenir premier pilote car Hamilton passe chez Ferrari.

LE PETIT +

Une saison 2024 déterminante pour Russell. Le grand George (1,85 m) devra s'insérer dans la nouvelle Mercedes, la W15, et en profiter pour signer des performances significatives. Mais attention : pour peu que cette W15 plaise à Lewis Hamilton, son équipier, qui peut y retrouver ses marques, la partie sera, du coup, beaucoup plus serrée pour Russell. Mais c'est la dure loi de la F1 et le jeune Britannique le sait bien.

FERRARI
REMONTADA ATTENDUE

Après la nomination de Frédéric Vasseur l'an dernier, la Scuderia Ferrari est attendue au virage. Les tifosi s'impatientent et souhaitent au plus vite voir leur chère écurie se battre à nouveau pour le titre.

INFOS SUR L'ÉCURIE

Nationalité Italienne

Siège Maranello (I)

Antériorité en F1
Activité ininterrompue depuis 1950

Actionnaire majoritaire
Exor (famille Agnelli)

Président
John Elkann
Team principal
Frédéric Vasseur
Directeur technique châssis
Enrico Cardile
Directeur technique groupe propulseur
Enrico Gualtieri
Directeur sportif
Diego Ioverno
Responsable ingénierie en piste
Matteo Togninalli
Responsable aérodynamique
Loïc Bigois
Ingénieurs de course
Xavier Marcos Padros (Leclerc) et Riccardo Adami (Sainz)
Pilotes de réserve
Antonio Giovinazzi, Robert Schwartzman et Oliver Bearman

Dans le paysage de la Formule 1, Ferrari est un cas à part. Seule équipe engagée sans interruption depuis la création de la Formule 1 en 1950, elle bénéficie d'un statut unique, accentué par la vénération que suscite à travers le monde son mythique cheval cabré. Dotée du palmarès le plus impressionnant de la F1 et de moyens financiers considérables, la Scuderia est habituée à un fonctionnement assez tumultueux où les traversées du désert et les périodes de gloire se succèdent dans un joli désordre.

Ferrari n'a plus remporté de championnat du monde Pilotes depuis 2007, dernière année de la glorieuse ère Todt. Elle a certes frôlé le titre avec Fernando Alonso (vice-champion en 2010, 2012 et 2013) puis Sebastian Vettel (vice-champion en 2017 et 2018), mais sans parvenir à s'adjuger la couronne tant attendue. Ce manque de réussite ronge l'équipe italienne et s'est accompagné d'une grande instabilité de management (cinq patrons en quinze ans). Première équipe à remporter une course dans le cadre de la nouvelle réglementation technique en 2022, la Scuderia n'a pas su maintenir son avantage et s'est fait totalement déborder par Red Bull. Un échec que Mattia Binotto a payé cash. Poussé à la démission, il a été remplacé par le Français Frédéric Vasseur au début de la saison 2023.

Deuxième au championnat en 2022, la Scuderia est la seule équipe à avoir battu Red Bull au cours de la saison 2023 (victoire de Sainz à Singapour), mais elle a dû céder, pour seulement trois petits points, la 2e place du championnat à Mercedes. Ce bilan mitigé présente au moins un avantage : Ferrari pourra disposer d'un peu plus de temps de soufflerie (environ 7 % en plus) que Mercedes. L'action de Vasseur s'inscrit sur le long terme avec, comme horizon, la nouvelle réglementation de 2026. Mais d'ici là, Charles Leclerc et Carlos Sainz Jr. devront faire vibrer les foules au moins de temps en temps, sans quoi le *board* de Ferrari pourrait être à nouveau tenté de céder à ses vieux démons.

PALMARÈS

Débuts en Formule 1 :
GRAND PRIX DE MONACO 1950

16 championnats Constructeurs

15 championnats Pilotes

243 victoires

807 podiums

1074 courses disputées

9672 points marqués

249 pole positions

259 meilleurs tours en course

ENRICO CARDILE
Promotion interne

Si les équipes de F1 recrutent le plus souvent leur directeur technique auprès de la concurrence, Ferrari n'hésite pas à jouer la carte de la promotion interne. Enrico Cardile a commencé à collaborer avec Ferrari alors qu'il était encore étudiant en ingénierie aéronautique à l'université de Pise. Depuis, cet amateur de bons vins a travaillé aussi bien à la série qu'en compétition. D'abord en GT puis, à partir de 2016, en Formule 1 en tant que responsable du développement aérodynamique. Depuis 2021, il officie en tant que directeur technique châssis.

ÉVOLUTION DE FERRARI

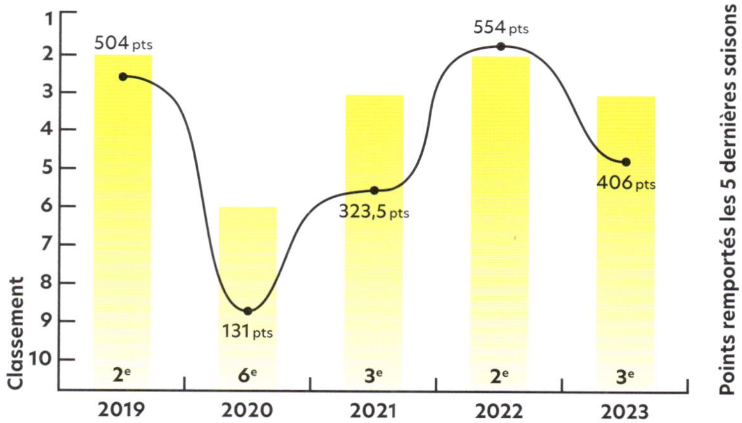

→ FERRARI SF-24

CHARLES LECLERC

Depuis son plus jeune âge, le Monégasque rêve d'être champion du monde au volant d'une Ferrari. Il en a le talent. Sa monoplace lui permettra-t-elle de le prouver dès cette saison ?

LA FICHE

Nationalité	Monégasque
Date de naissance	16 octobre 1997
Écuries successives	Alfa Romeo-Sauber (2018) et Ferrari (depuis 2019)
Premier GP	Australie 2018
Départs en GP	123
Victoires en GP	5
Pole positions	23
Meilleurs tours	7
Podiums	30
Points marqués	1 074
Meilleur classement mondial	2e (2022)
Classement 2023	5e

16

Sous ses apparences de gendre idéal, il cache en permanence une volonté de fer, une analyse cartésienne de ses performances et ne manque jamais de s'incriminer lui-même lorsqu'il commet une erreur. De même, il dissimule son pilotage très agressif sous une fluidité exceptionnelle ; son coup de volant reste visuellement un modèle de douceur. Pied à terre, après de médiocres résultats, il sait garder sa raison et son analyse claire, sans colère, sans pester contre ses adversaires. Au contraire, il sait faire preuve d'humour. Idem dans ses interviews. En réponse au journaliste de Canal+ Laurent Dupin qui fait semblant de découvrir que son quatrième prénom est Perceval et le questionne à ce sujet, il comprend la taquinerie. Il savait bien que ce prénom moyenâgeux serait découvert un jour et il éclate de rire. Il reste l'un des chouchous du paddock pour cette ouverture d'esprit, mais aussi parce qu'au niveau vitesse en F1, il se classe au niveau des champions du monde que sont Hamilton ou Verstappen. Le sort de Charles Leclerc aujourd'hui reste inéluctablement lié à celui de la Scuderia Ferrari, dont il est le fer de lance. Car s'il est un reproche qu'on ne peut pas faire au Monégasque, c'est de ne pas tirer en permanence le meilleur parti de sa machine. Aussi, si la Ferrari 2024 peut aller conquérir des victoires, Leclerc ne les manquera pas.

LE PETIT +

Gentillesse, politesse, prévenance, sensibilité, accessibilité et pourtant pilote de F1, ainsi apparaissent les qualités de Charles Leclerc quand on le côtoie. On pourrait ajouter à ce tableau le fait qu'il soit musicien et pianiste. À ce jour, sa vitesse au volant s'affiche sur des pistes aussi antinomiques que Singapour, Miami, Las Vegas, Spa et Monza. Somme toute, une incroyable palette de talents.

CARLOS SAINZ JR.

LA FICHE

Nationalité	Espagnole
Date de naissance	1er septembre 1994
Écuries successives	
Toro Rosso (2015-2017), Renault (2018), McLaren (2019-2020) et Ferrari (depuis 2021)	
Premier GP	Australie 2015
Départs en GP	183
Victoires en GP	2
Pole positions	5
Meilleurs tours	3
Podiums	18
Points marqués	982,5
Meilleur classement mondial	5e (2021 et 2022)
Classement 2023	7e

Seul pilote à avoir arraché une victoire à l'équipe Red Bull l'an dernier, Carlos Sainz Jr. aura à cœur de prouver, pour sa dernière saison chez Ferrari, qu'il a la stature d'un cador.

55

En se remémorant la saison 2023, Maranello se souviendra de Carlos Sainz Jr. comme d'un sauveur. Sur les 22 grands prix de la saison, le team Red Bull-Honda en a remporté 21. Le seul qui manque à son palmarès de l'année, Singapour, a été remporté par Sainz. Et de quelle façon ! Ce soir-là, les Red Bull faisaient de la figuration, les vedettes sur le devant de la scène se nommaient Ferrari, McLaren et Mercedes. En tête au volant de sa Ferrari devant la McLaren de Norris et la Mercedes d'Hamilton, Sainz perçoit très bien, grâce à ses ingénieurs, que le diable s'appelle Hamilton. Même Russell, équipier d'Hamilton, tapera dans le rail en essayant de lui résister. Aussi, Sainz prend une décision stratégique superbe : laisser revenir Norris dans la zone de DRS de sa Ferrari pour éviter qu'Hamilton revienne dans la zone de DRS de Norris et ne le dépasse. Auquel cas, Hamilton se serait ensuite directement attaqué à la Ferrari. Quelle vista de la part de Sainz ! Un joli coup qui vient améliorer la réputation du Madrilène. Il en a besoin, car il est connu pour commettre un certain nombre d'erreurs, de les nier tout autant et aussi de faire peu de cas des autres concurrents quand il est en piste. Pour tenter de surpasser Leclerc ? Il le doit, car l'an prochain, Hamilton arrivant à Maranello, Sainz ne sera plus chez Ferrari.

LE PETIT +

Même nom et même prénom que son père, l'un des très grands champions du monde des rallyes, un leader des rallyes-raids, un seigneur de la route. Le jeune Carlos a bénéficié dans la course automobile de l'excellente réputation paternelle, mais il y a le prix de la comparaison à payer. Il fait encore beaucoup d'erreurs. De ses yeux noirs et de son ton revêche, il tente d'intimider. Mais y parvient-il ?

MCLAREN

RÉSURRECTION, MODE D'EMPLOI

Extrêmement performante en fin de saison 2023, l'équipe McLaren se positionne comme l'un des principaux challengers de Red Bull en 2024. Parviendra-t-elle à retrouver la première marche du podium ?

McLaren

INFOS SUR L'ÉCURIE

Nationalité Anglaise

Siège Woking (GB)

Antériorité en F1
Activité ininterrompue depuis 1966

Actionnaire majoritaire
Exor (famille Agnelli)

Propriétaire
Mumtalakat Holding Company
Président
Zak Brown
Directeur de l'écurie
Andrea Stella
Directeur technique
Rob Marshall
Directeur sportif
Piers Thynne
Responsable ingénierie
Neil Houldey
Responsable aérodynamique
Peter Prodromou
Ingénieurs de course
Will Joseph (Norris) et Tom Stallard (Piastri)
Pilotes de réserve
Pato O'Ward et Ryo Hirakawa

Équipe dominatrice dans les années 1980-1990 avec le légendaire duo Prost-Senna, McLaren avait su maintenir son rang grâce à un partenariat exclusif avec Mercedes. Mais lorsque le constructeur allemand a créé sa propre écurie en 2014, McLaren a perdu de sa superbe. L'équipe anglaise a alors cru pouvoir retrouver la magie de l'époque Prost-Senna en renouant un partenariat avec Honda, mais cette coopération entre 2015 et 2017 a été un échec cuisant. Depuis, l'équipe aux vingt titres mondiaux se contente de disposer d'un moteur « client » qu'elle paie.

Après une saison 2022 décevante, elle a réalisé en 2023 un parcours absolument étonnant. À une époque où les grands prix s'enchaînent à un rythme endiablé et où les essais privés sont interdits en cours de saison, McLaren a démontré qu'il était encore possible de transformer une voiture peu compétitive en début de saison en une arme redoutable. La MCL 60 a non seulement permis à McLaren de devancer Aston Martin au championnat, mais elle était surtout devenue l'une des voitures les plus menaçantes pour Red Bull. Cette performance est d'autant plus remarquable que l'équipe anglaise est en pleine reconstruction sous la houlette de Zak Brown. Promu team principal début 2023 après le départ d'Andreas Seidl, l'ingénieur italien Andrea Stella n'a pas tardé à insuffler une dynamique très efficace.

Côté pilotes, McLaren n'a pas hésité à miser sur la jeunesse en faisant confiance à Lando Norris qu'elle a fait débuter en 2019 et en offrant une chance au prodige Oscar Piastri. Une audace pleinement récompensée puisque le jeune Australien a signé deux podiums et une victoire en course sprint dès sa première année ! Au regard de cette fin de saison tonitruante, McLaren apparaît comme l'une des équipes les plus susceptibles de contester la suprématie de Red Bull en 2024. Elle a récemment renforcé ses effectifs en recrutant deux ingénieurs de haut rang : David Sanchez (ex-Ferrari) et Rob Marshall (ex-Red Bull). Elle va aussi pouvoir exploiter une soufflerie neuve.

PALMARÈS

Débuts en Formule 1 :
GRAND PRIX DE MONACO 1966

8 championnats Constructeurs

12 championnats Pilotes

183 victoires

503 podiums

946 courses disputées

6 291,5 points marqués

156 pole positions

165 meilleurs tours en course

DAVID SANCHEZ
Un retour prometteur

Nommé responsable « concept et performance », ce Français de 43 ans est l'un des « cerveaux » recrutés par McLaren pour 2024. Originaire du Sud-Ouest, il a commencé en F1 dès la fin de ses études au sein de l'École nationale supérieure de mécanique et d'aérotechnique à Poitiers. Après avoir intégré Renault F1 en 2005 en répondant à une petite annonce, il a rejoint McLaren une première fois en 2007 puis Ferrari en 2012. Promu à la tête du département aéro de la Scuderia en 2017, il s'est distingué en introduisant des solutions innovantes avant de définir le concept global des monoplaces rouges.

ÉVOLUTION DE MCLAREN

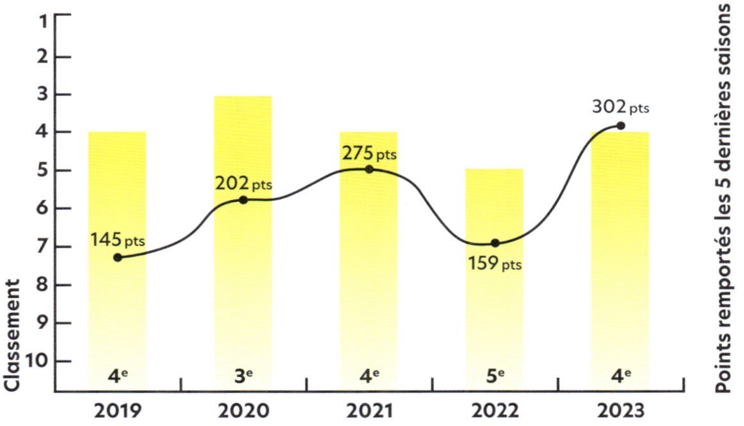

→ MCLAREN-MERCEDES MCL 38

LANDO NORRIS

Cet Anglais, qui passe son temps libre à faire des courses virtuelles en ligne, compte parmi les valeurs sûres de la F1. Il attend juste de signer sa première victoire. Cette saison ?

LA FICHE

Nationalité Anglaise
Date de naissance 13 novembre 1999
Écuries successives
McLaren (depuis 2019)
Premier GP Australie 2019
Départs en GP 104
Victoires en GP 0
Pole positions 1
Meilleurs tours 6
Podiums 13
Points marqués 633
Meilleur classement mondial
6e (2021 et 2023)
Classement 2023 6e

4

Déjà plus de 100 grands prix dans sa carrière et Lando Norris reste pour nombre d'observateurs le garçon rieur, timide et sympathique que le paddock a vu débuter en 2019. Il reste bienveillant au regard de ceux qui l'approchent, notamment ses supporters qui commencent à devenir nombreux de par le monde, toujours attentionné auprès des jeunes enfants dont il est le modèle. Les médias se souviennent d'une conférence de presse où une bonne blague de Daniel Ricciardo, considéré comme le pilote amuseur public de la F1, provoqua chez Norris un fou rire inextinguible. Éduqué, bien élevé, telle est l'image que Lando promène dans le paddock qui sait aussi qu'il est issu d'une famille fortunée à Bristol, non loin des magnifiques paysages du Somerset, de Bath ou de Stonehenge.
Mais Norris n'est pas seulement cela. En F1, il se montre d'entrée comme un jeune espoir très habile, au pilotage très accrocheur, enthousiaste également. Karting, F4 en 2015, Toyota Racing Series, il est champion dans ces formules de promotion, avant d'arriver en F3 et de rejoindre le programme Young Drivers de l'équipe McLaren qui l'installera hors des compétitions dans une F1 dès 2017. Il deviendra ensuite pilote de réserve chez McLaren qui le titularise en grands prix en 2019 : il est lancé.
Sa progression sera constante jusqu'à l'année passée, comme le reflète son classement au championnat du monde, de 11e en 2019 à 6e en 2023, avec une pole position et quelques 2es places sur tous les types de circuits, comme Monza, Silverstone, Singapour, Suzuka ou Austin. Il reste chez McLaren en 2024 et sa première victoire est peut-être proche.

LE PETIT +

Une séquence télévisée qui a parcouru les réseaux sociaux : un garçon d'une dizaine d'années a eu droit pour son anniversaire d'entrer dans le stand McLaren pour voir Norris... en vrai. Norris approche et le garçon, tellement heureux, éclate en sanglots. Norris le serre dans ses bras. Il connaît les enfants - il a un frère et deux sœurs -, et c'est un pilote très avenant. Rare.

OSCAR PIASTRI

LA FICHE

Nationalité	Australienne
Date de naissance	6 avril 2001
Écuries successives	
McLaren (depuis 2023)	
Premier GP	Bahreïn 2023
Départs en GP	22
Victoires en GP	0
Pole positions	0
Meilleurs tours	2
Podiums	2
Points marqués	97
Meilleur classement mondial	9e (2023)
Classement 2023	9e

Auteur d'une ascension météorique, le protégé de Mark Webber est un surdoué. Meilleur débutant de la saison 2023, il pourrait bien créer la surprise cette saison.

81

À voir Oscar Piastri dans le stand McLaren ou bien en interview, on comprend immédiatement qu'il est le « premier de la classe ». Visage poupin, sérieux, d'apparence modeste, toujours calme, analytique : aussi, celui qui vient l'interviewer comprend bien qu'il ne pourra pas lui raconter n'importe quoi. L'esprit cartésien d'Oscar ne le supporterait pas tant il est vrai que « premier de la classe », il l'est vraiment, malgré un sourire timide.
Naître à Melbourne, dans la ville australienne de la F1 depuis 1996, était en quelque sorte un signe du destin pour le jeune pilote. Son point commun avec la superstar Lewis Hamilton : il a débuté comme lui au volant de machines télécommandées. Et, après le karting, il part pour le voyage initiatique des passionnés de sport automobile du Commonwealth, direction le Royaume-Uni. Il gravit les étapes de la F4 et de la Formule Renault. En 2019, les choses sérieuses commencent et son titre en Formule Renault Eurocup lui ouvre les étapes de la Renault Sport Academy. En 2020, il gagne le championnat de F3, puis en 2021, le championnat de F2. Tel un météore, il fait une entrée fracassante en F1 en 2022. Le paddock le voit forcément chez Alpine, mais Piastri entre chez McLaren. En effet, son conseiller, Mark Webber, australien comme lui et ancien pilote de F1, connaît très bien le milieu des grands prix. Celui-ci comprend que la nouvelle écurie Alpine n'offre pas les garanties de compétitivité indispensables : son management est, à l'époque, erratique. Faute d'un contrat en bonne et due forme de l'écurie française, Piastri devient l'équipier de Lando Norris. Il l'est encore cette saison.

LE PETIT +

Piastri entre dans le stand McLaren. Il fait très chaud. Il serre la main de tous ceux qui travaillent, il ébauche à peine un sourire, il est déjà dans ses essais. Il doit mettre pied à terre, la température est caniculaire, mais il ne se réfugie pas sous la clim : il s'installe face à un gros ventilateur, il observe sa voiture et ses mécanos. Il se rend sur la grille de départ, le regard fixe. Il est déjà dans sa course.

ASTON MARTIN
cognizant
FORMULA ONE™ TEAM
aramco

INFOS SUR L'ÉCURIE

Nationalité Anglaise

Siège Silverstone (GB)

Antériorité en F1 de la marque
Écurie Aston Martin (1959 et 1960, puis depuis 2021)

Antériorité en F1 de la structure de Silverstone
Jordan (1991-2005 : 4 victoires), Midland (2006), Spyker (2007), Force India (2008-2018 : 6 podiums) et Racing Point (2019-2020 : 1 victoire)

Propriétaire
Lawrence Stroll et Arctos Partners
Président
Lawrence Stroll
Team principal
Mike Krack
Directeur technique
Dan Fallows
Responsable ingénierie
Luca Furbatto
Responsable aérodynamique
Ian Greig
Responsable de l'exploitation
Tom McCullough
Ingénieurs de course
Ben Michell (Stroll) et Chris Cronin (Alonso)
Pilotes de réserve
Felipe Drugovich et Stoffel Vandoorne

ASTON MARTIN

CETTE FOIS-CI, TENIR LA DISTANCE

Deuxième force du plateau sur les premières courses, Aston Martin a progressivement perdu du terrain au fur et à mesure de la saison 2023. L'équipe anglaise parviendra-t-elle à retrouver le bon rythme cette année ?

Homme d'affaires réputé, le Canadien Lawrence Stroll aurait pu se contenter d'acheter une équipe de Formule 1 afin de faire courir son fils Lance, mais le projet qu'il a initié il y a trois ans va bien au-delà de ça. Après avoir racheté l'équipe Force India en 2018 et l'avoir momentanément baptisée « Racing Point », il a racheté Aston Martin et s'est lancé dans un programme aussi ambitieux qu'excitant : faire de la mythique marque anglaise une équipe de pointe de la Formule 1 ! Aston Martin avait déjà tenté sa chance en Formule 1 à la fin des années 1950, mais cette expérience peu réussie relève de l'anecdote.

Le projet de Lawrence Stroll est on ne peut plus sérieux. Il s'appuie sur une équipe initialement dotée d'un bon niveau de performance et dont ses investissements ont encore développé le potentiel. Une toute nouvelle usine avec une soufflerie flambant neuve est désormais en service face au circuit de Silverstone. De nombreux ingénieurs ont été débauchés chez Mercedes et Red Bull, convaincus par la force du projet Aston Martin. Lawrence Stroll a même réussi à attirer chez les Verts Fernando Alonso. En quelques mois, l'équipe Aston Martin est devenue un poids lourd de la F1. Son début de saison tonitruant – six podiums en huit courses et une possibilité de victoire à Monaco - a été l'une des sensations de 2023.

Malheureusement, l'équipe de Silverstone n'a pas su maintenir son niveau tout au long de la saison. Mal guidée par ses outils de simulation, elle s'est, un moment, fourvoyée dans le développement de son AMR23 qui présentait par ailleurs la caractéristique de ne pas être toujours à l'aise dans les grandes courbes rapides. Pour 2024, le staff technique - mené par l'ancien chef aéro de Red Bull - sait dans quelle direction travailler. Il peut aussi compter sur les excellents retours techniques et l'inébranlable abnégation d'un Fernando Alonso vraiment bluffant.

PALMARÈS

Débuts en Formule 1 :
GRAND PRIX DE MONACO 1966

0 championnat Constructeurs

0 championnat Pilotes

0 victoire

9 podiums

71 courses disputées

412 points marqués

0 pole position

1 meilleur tour en course

ÉRIC BLANDIN
Une recrue de poids

En recrutant ce Français discret en juillet 2022, Aston Martin a réalisé un gros coup. Cet ancien de Red Bull et de Ferrari a animé le département aéro de Mercedes de 2011 à 2022. Il opère aujourd'hui en tant que directeur technique adjoint au côté de Dan Fallows, l'ancien responsable aéro de Red Bull recruté quelques mois avant lui.

ÉVOLUTION D'ASTON MARTIN

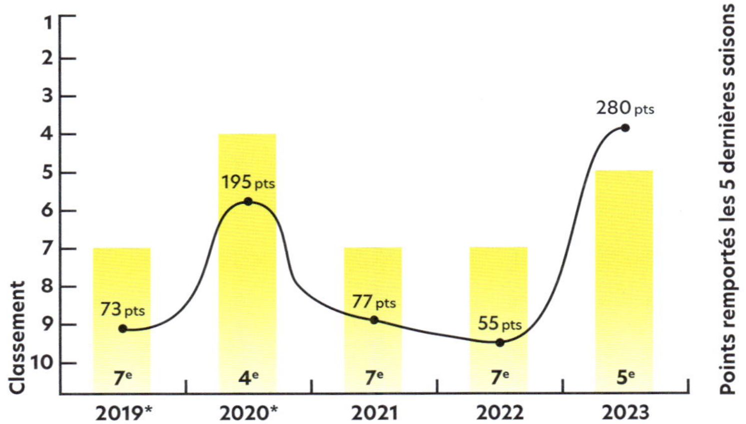

*sous le nom Racing Point

→ ASTON MARTIN-MERCEDES AMR24

FERNANDO ALONSO

À 42 ans, le double champion du monde espagnol est inoxydable ! Toujours vert, il ne rêve que d'une chose : remporter sa 33e victoire en grand prix. Il est passé très près de cet exploit l'an dernier.

14

Il va attaquer sa 21e saison de grands prix avec un enthousiasme intact. Pour peu que son Aston Martin lui permette de faire état de sa très grande expérience, il peut réussir de belles choses. L'an passé, faut-il le rappeler, il a achevé la course au titre mondial en 4e position derrière Verstappen, Pérez et Hamilton, dans une équipe Aston dont le ramage ne vaut ni celui de Red Bull ni celui de Mercedes. Les derniers tours du Grand Prix de São Paulo de 2023 restent un témoignage saisissant des capacités d'Alonso à maîtriser sa machine tout autant que tirer le meilleur parti d'un circuit en cherchant, par exemple, d'autres trajectoires pour mieux protéger ses pneus tout en accélérant mieux. Somme toute, quand il le faut, il sait proposer un pilotage qui sort des sentiers battus, Pérez et sa Red Bull l'ont appris à leurs dépens ce jour-là. Alonso sait joindre à sa très grande expérience une belle intelligence de la course. Les extraits de ses dialogues par le truchement de la radio avec les ingénieurs de son équipe montrent sa capacité à analyser non seulement le comportement de sa machine, mais aussi celui de son équipier et quelquefois celui de ses rivaux. Ses messages sont savoureux, perspicaces, didactiques car ils disent la réalité de la piste. Mais Alonso a aussi ses défauts. Quand il sent la direction de l'équipe un peu défaillante, les donneurs d'ordre un peu dans le flou, les techniciens hésitants, il a tendance à devenir le décisionnaire de l'équipe, à suivre ses propres idées. Ce n'est pas son rôle. Un pilote ne peut s'ériger en patron du team pour lequel il court.

LA FICHE

Nationalité	Espagnole
Date de naissance	29 juillet 1981
Écuries successives	Minardi (2001), Renault (2004-2006), McLaren (2007), Renault (2008-2009), Ferrari (2010-2014), McLaren (2015-2018), Alpine (2021-2022) et Aston Martin (depuis 2023)
Premier GP	Australie 2001
Départs en GP	378
Victoires en GP	32
Pole positions	22
Meilleurs tours	24
Podiums	106
Points marqués	2 267
Palmarès	Champion du monde en 2005 et 2006
Classement 2023	4e

LE PETIT +

Il est le doyen des pilotes de F1. Il fut champion du monde en 2005 et 2006 avec Renault. Il a gagné deux fois les 24 Heures du Mans et a disputé également le Dakar et les 500 Miles d'Indianapolis, sans être ridicule. Pour paraphraser et détourner un western titré *Un homme nommé Cheval*, on pourrait citer Fernando Alonso comme *Un homme nommé Volant*, tant tenir un volant en toutes circonstances et sur tous les terrains est sa vraie passion.

LANCE STROLL

Fils du propriétaire de l'équipe, le Canadien a comme équipier une valeur étalon face à laquelle il n'est pas facile d'exister. Parviendra-t-il à hausser son niveau cette année ?

18

LA FICHE

Nationalité	Canadienne
Date de naissance	29 octobre 1998
Écuries successives	
Williams (2017-2018), Racing Point (2019-2021) et Aston Martin (depuis 2022)	
Premier GP	Australie 2017
Départs en GP	143
Victoires en GP	0
Pole positions	1
Meilleurs tours	2
Podiums	3
Points marqués	268
Meilleur classement mondial	10e (2023)
Classement 2023	10e

Les habitués du paddock de Montréal doivent se souvenir de ce gamin âgé de 10 ans, rieur, surnommé la plupart du temps « le Kid » et qui accompagnait son père, Lawrence Stroll, venu saluer ses amis de la F1, notamment chez Ferrari. Lawrence était à l'époque un milliardaire canadien, connu dans le monde automobile comme l'un des plus grands propriétaires de Ferrari de collection, possédant également le circuit Mont-Tremblant qui accueillit deux GP du Canada en 1968 et 1970. Sans doute naquit ainsi chez Lance une inclination pour les choses de la course qui se matérialisa par le karting, puis vers l'évolution classique par les formules de promotion, non sans succès. Il gagna ainsi le championnat F4 italien, puis la série Toyota et enfin le championnat de F3 européen. Mais l'histoire regorge de jeunes pilotes qui constatent ensuite que la F1 constitue une marche beaucoup plus haute que prévu. Est-ce ce syndrome qui perturbe la progression de Lance ? Il débute très modestement chez Williams en 2017, et la saison 2018 est encore plus modeste. En réalité, l'équipe Williams bat de l'aile, et Lawrence Stroll va faciliter la tâche de son fils. Grand passionné de sport automobile, il concrétise son ambition en devenant le propriétaire d'une équipe de F1 où il a l'occasion, par ailleurs, de placer Lance dans un meilleur baquet. Il rachète le team Force India et le transforme pour refonder un team sous l'appellation du concurrent direct des GT de Maranello : Aston Martin. Il bâtit son écurie autour de son fils et de pilotes de renommée mondiale : d'abord Vettel, quadruple champion du monde, puis Alonso, double champion du monde à la longévité exceptionnelle en F1. Lance en est-il satisfait pour autant ? On peut se poser la question.

LE PETIT +

Grand Prix d'Arabie saoudite l'an passé. Stroll abandonne. Il passe devant les caméras : il bougonne, répond par bribes, d'un ton rogue. Grand Prix d'Australie : il manque le podium pour quelques secondes derrière son équipier Alonso. C'est un beau résultat. Interviews : il grogne, lâche quelques mots et tourne les talons sans attendre. Un comportement curieux, déroutant, presque clivant.

BWT
ALPINE
F1° TEAM

INFOS SUR L'ÉCURIE

Nationalité Française

Sièges
Enstone (GB)
pour la partie châssis
Viry-Châtillon (F)
pour la partie moteur

Antériorité en F1 de la structure d'Enstone
Toleman (1981-1985 : 3 podiums), Benetton (1996-2001 : 1 titre Constructeurs, 2 titres Pilotes, 27 victoires), Renault (2002-2011 et 2016-2020 : 2 titres Constructeurs, 2 titres Pilotes, 20 victoires) et Lotus (2012-2015 : deux victoires)

Antériorité en F1 de la structure de Viry-Châtillon
Écurie Renault (1977-1985 : 15 victoires) et motoriste (1977-1986, 1989-1997 et depuis 2001 : 169 victoires)

Propriétaire
Renault
Président
Philippe Krief
Directeur de l'écurie
Bruno Famin
Directeur technique
Matt Harman
Directeur sportif
Julian Rouse
Responsable aérodynamique
Robbie Stevens
Responsable exploitation
Ciaron Pilbeam
Ingénieurs de course
Josh Peckett (Ocon)
et John Howard (Gasly)
Pilote de réserve
Jack Doohan

ALPINE
DOIT MIEUX FAIRE !

Après une décevante saison 2023, la seule équipe française engagée en Formule 1 doit impérativement monter en régime pour être de nouveau en phase avec ses objectifs. La restructuration engagée l'an dernier portera-t-elle ses fruits ?

Officiellement, l'équipe Alpine ne compte que trois saisons complètes au compteur. Dans la réalité, l'équipe au A fléché s'inscrit dans la pure continuité de l'écurie Renault. En revenant à la Formule 1 en 2016, la marque au losange s'était donnée cinq ans pour retrouver le sommet de la Formule 1 qu'elle avait déjà atteint en gagnant le titre mondial en 2005 et 2006. Le passage de l'équipe F1 sous la bannière Alpine, début 2021, est tombé à pic pour remettre discrètement les compteurs à zéro et faire oublier le manque de réussite du Losange. Alors président d'Alpine, Laurent Rossi avait fixé une nouvelle échéance : 100 grands prix pour viser le titre. Malheureusement, après une victoire opportune en Hongrie en 2021, la trajectoire de l'équipe française n'a pas été en phase avec ce plan de marche l'an dernier. Après avoir conquis une jolie quatrième place au championnat constructeurs en 2022, Alpine a rétrogradé au sixième rang. Une vraie déception ponctuée par seulement deux podiums.

Alors que l'omniprésent Laurent Rossi a été remplacé à la tête de la marque Alpine par le discret Philippe Krief, l'équipe de Formule 1 a fait l'objet d'une profonde restructuration avec la montée en puissance de Bruno Famin, jusqu'alors responsable du seul département moteur, et l'éviction de nombreux cadres de l'équipe comme Otmar Szafnauer (team principal), Pat Fry (directeur technique) et Alan Permane (directeur sportif). Beaucoup de départs compensés par des promotions internes et le recrutement d'Éric Meignan (ex-Mercedes et Ferrari) à la tête du département moteur de Viry-Châtillon.

Patron du groupe Renault, Luca de Meo a ouvertement exprimé son impatience et son souhait que cessent les luttes intestines entre les établissements d'Enstone et de Viry-Châtillon. Il a même inscrit un certain nombre des cadres de l'équipe à un stage au sein du GIGN pour apprendre la cohésion d'équipe ! De quoi transformer l'écurie française en un commando irrésistible ? Esteban Ocon et Pierre Gasly, les deux seuls pilotes français du plateau, l'espèrent vivement !

ÉRIC MAIGNAN
Un élément moteur

Peu connu du grand public, le motoriste Éric Meignan est pourtant l'auteur d'un joli parcours en Formule 1 depuis qu'il a rejoint Mercedes en 2015. Nommé chef de département en 2017, il a quitté l'étoile à trois branches pour prendre la tête du département moteur de la Scuderia Ferrari en 2020. En qualité de directeur technique de l'usine de Viry-Châtillon, il a pour mission de remettre le V6 hybride français à niveau et de préparer la nouvelle génération de moteur qui apparaitra à l'horizon 2026.

RÉSULTATS

Débuts en Formule 1 :
GRAND PRIX DE BELGIQUE 2016

0 championnat Constructeurs

0 championnat Pilotes

1 victoire

4 podiums

63 courses disputées

429 points marqués

0 pole position

0 meilleur tour en course

ÉVOLUTION D'ALPINE

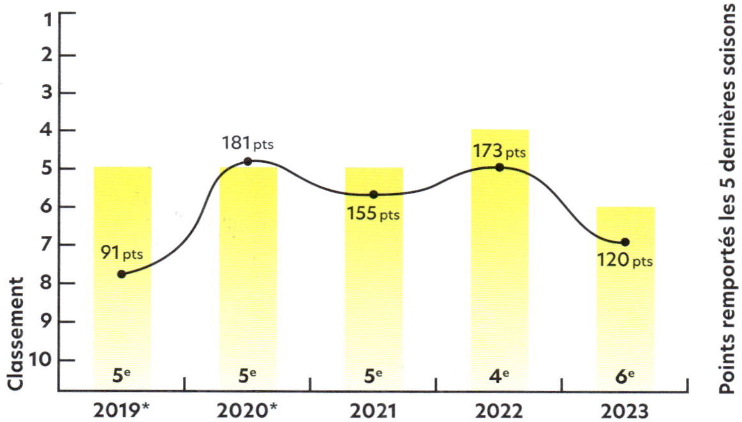

*sous le nom Renault

→ ALPINE-RENAULT A524

PIERRE GASLY

Plutôt déçu par sa première saison chez Alpine, le Normand aspire à viser le podium de manière plus régulière… et à devancer son équipier, comme l'an dernier.

10

Les premières belles années de Pierre se tiennent en 2015 et 2016. Il obtient tout d'abord ses vrais contacts avec Red Bull, puis l'année suivante, il devient champion de GP2, aujourd'hui F2. L'horizon étant bouché en 2017 chez Red Bull et Toro Rosso, l'écurie-sœur, le Français s'exile au Japon dans la très exigeante série Super Formula, où il brille vraiment. Avant même la fin de l'année, il rejoint la F1. Toro Rosso ne croyant plus au talent du Russe Kvyat, le team fait appel à Pierre pour les cinq derniers GP de la saison. Le voilà propulsé chez les grands. Il y passe une année, puis grimpe à nouveau d'un étage chez Red Bull. Mais là, il y a Max Verstappen, et Gasly comprend bien que tout tourne autour du Néerlandais. À mi-saison 2019, écarté, il revient chez Toro Rosso. Pourtant, c'est là qu'il obtiendra sa revanche personnelle : le 6 septembre 2020, au Grand Prix d'Italie à Monza, il décroche sa première victoire en F1. Une victoire sur le fil, car dans sa McLaren, Sainz le menace jusqu'au bout pour finir à 4/10es. Gasly construit ainsi son image, celle d'un pilote résistant et solide, qui ne commet pas d'erreur sous la pression et qui sait apprécier les bonnes choses. Après le cérémonial de l'arrivée, il reste assis, seul, sur le podium déserté pour profiter en solitaire de ce moment génial, celui de la première victoire en grand prix. Le Français reste encore deux saisons chez Toro Rosso, devenue Alpha Tauri, mais le team traîne en queue de peloton. Aussi, Gasly rejoint Alpine en 2023 où son équipier, Ocon, et lui font jeu quasiment égal au nombre de points.

LA FICHE

Nationalité	Française
Date de naissance	7 février 1996
Écuries successives	Toro Rosso (2017-2018), Red Bull et Toro Rosso (2019), Alpha Tauri (2020-2022) et Alpine (depuis 2023)
Premier GP	Malaisie 2017
Départs en GP	130
Victoires en GP	1
Pole positions	0
Meilleurs tours	3
Podiums	4
Points marqués	394
Meilleur classement mondial	7e (2019)
Classement 2023	11e

LE PETIT +

En feuilletant l'album de photos familial des Gasly, il apparaît que le karting constituait le sport principal de toute la fratrie de Pierre. Lui-même y figure souvent avec son ami Charles Leclerc. Mais quand on habite dans la région de Rouen en Normandie, on se souvient forcément qu'il y avait un circuit de F1 et de F2 diablement difficile aux Essarts. Un environnement qui pousse à la compétition.

ESTEBAN OCON

Ancien membre de la filière Mercedes, Esteban Ocon a la farouche intention de démontrer qu'il ferait un candidat idéal pour récupérer en 2025 le baquet de Lewis Hamilton.

31

LA FICHE

Nationalité	Française
Date de naissance	17 septembre 1996
Écuries successives	Manor (2016), Force India (2017-2018), Renault (2020) et Alpine (depuis 2021)
Premier GP	Belgique 2016
Départs en GP	133
Victoires en GP	1
Pole positions	0
Meilleurs tours	0
Podiums	3
Points marqués	422
Meilleur classement mondial	8e (2017 et 2022)
Classement 2023	12e

Silhouette longiligne, Ocon aujourd'hui se prépare avec autant de volonté qu'à ses débuts en F1, abonné qu'il était alors à une préparation physique intense et sévère dans les Pyrénées. Il a toujours été ce garçon posé, avec des parents qui ont beaucoup donné pour le voir débuter en karting, puis progresser dans les formules de promotion. Il confiait dans une interview : « Globalement, très jeune, j'ai eu beaucoup de responsabilités sur les épaules, et forcément, si je faisais une bêtise, tout ce qu'on avait préparé s'arrêtait instantanément. Mais il fallait la victoire, sinon... Après le kart et les formules de promotion, il y a eu les filières F1, mais là, pareil : tout pouvait s'arrêter immédiatement. » Après deux saisons complètes chez feu l'écurie Force India (2017-2018), Ocon roule en bleu, chez Renault devenu Alpine en 2021. Il connaît bien ce team qui vient de vivre deux saisons agitées avec des licenciements et des changements de direction. Il tient malgré tout le cap, indispensable pour aller encore plus haut. Il a amélioré sa réputation qui était d'être trop teigneux sur la piste comme en témoignent ses accrochages du temps de l'équipe Force India. Quel avenir pour 2024 ? Tout dépendra de l'évolution de la nouvelle Alpine A524, mais aussi de l'ambiance dans le team en pleine restructuration, de l'entente entre Esteban et son équipier Pierre Gasly. Les deux garçons rivalisent depuis longtemps. À travers les messages radio de leurs ingénieurs durant les courses de la saison passée, les observateurs ont compris que l'ambiance n'était pas au beau fixe. Les faux pas sont interdits.

LE PETIT +

Grand Prix de Hongrie 2021. Sur la plus haute marche du podium, Esteban Ocon. Quelques minutes auparavant, dans le tour d'honneur, tout le monde a entendu ce cri de joie qui venait du fond de son cœur. Là, au moment du champagne, il est presque trop sérieux. Il se souvient de ses débuts dans la course où, désargenté, il devait gagner sans risquer de tout casser. Il sait le prix des choses.

WILLIAMS

TRAVAUX À TOUS LES ÉTAGES

Après avoir pointé plusieurs fois dernière du championnat ces dernières années, l'équipe Williams s'inspire de l'esprit de résilience qui a longtemps animé son fondateur pour retrouver sa gloire passée. Elle aborde la saison 2024 avec des ambitions mesurées.

WILLIAMS RACING

INFOS SUR L'ÉCURIE

Nationalité Anglaise

Siège Grove (GB)

Antériorité en F1
Frank Williams Racing Cars de 1969 à 1976 (châssis Brabham, De Tomaso, March, Politoys, Iso et Williams : 3 podiums)

Propriétaire
Dorilton Capital
Président
Matthew Savage
Directeur de l'écurie
James Vowles
Directeur technique
Pat Fry
Directeur sportif
Sven Smeets
Responsable aérodynamique
David Weather
Ingénieurs de course
James Urwin (Albon)
et Gaëtan Jego (Sargeant)

Que reste-t-il de la glorieuse équipe qui dictait sa loi dans les années 1980 et 1990 ? À part une usine démodée, pas grand-chose, pour être honnête. Cela fait désormais bien longtemps que la structure créée par Frank Williams a perdu de son lustre. Cela remonte probablement au jour où l'ingénieur Adrian Newey, qui avait concocté les dernières Williams dominatrices, a demandé à être récompensé par une petite part de capital, un privilège que Frank Williams et son associé Patrick Head lui ont refusé. Une erreur stratégique monumentale : Newey est alors parti faire la fortune de McLaren, puis de Red Bull avec le succès que l'on connaît et que Max Verstappen réaffirme course après course.

Face au déclin progressif de son équipe, Frank Williams s'est résigné à la vendre fin 2020 et décédera l'année suivante. Le nouveau propriétaire – un fonds d'investissement américain – est bien décidé à redorer le blason de l'équipe historique. Plus facile à dire qu'à faire. Après avoir sollicité une première équipe de management, il a finalement confié les clés de l'équipe, début 2023, à James Vowles, l'ancien responsable de la stratégie de Mercedes. L'ingénieur anglais tente d'introduire au sein de l'équipe de Grove un nouvel état d'esprit.

Sur le plan sportif, la Williams – dotée d'une excellente vitesse de pointe – a réalisé quelques prouesses (9 qualifications dans le Top 10) principalement aux mains de l'excellent Alex Albon. De quoi pointer à une honorable 7e place au championnat et résister au retour d'Alpha Tauri en fin de saison. Mais l'un des plus beaux succès de James Vowles ne se situe pas sur le terrain sportif. Il est en effet conscient que remettre à niveau l'outil de production de Williams est une tâche colossale quasi impossible à mener dans le contexte du plafonnement budgétaire désormais imposé par le règlement. Vowles a donc ardemment milité et finalement obtenu de la FIA le droit pour les petites équipes d'investir en marge du budget alloué à la saison en cours. Il peut désormais mettre en place le plan sur cinq ans qu'il a en tête.

PALMARÈS

Débuts en Formule 1 :
GRAND PRIX D'ESPAGNE 1977

9 championnats Constructeurs

7 championnats Pilotes

114 victoires

312 podiums

811 courses disputées

3 614 points marqués

128 pole positions

133 meilleurs tours en course

PAT FRY
Une expérience précieuse

Après avoir débuté en Formule 1 chez Benetton en 1987, Pat Fry a occupé de nombreux postes au sein d'équipes aussi prestigieuses que McLaren (1993-2010) et Ferrari (2010-2014). Il présente la caractéristique d'avoir œuvré aussi bien dans la partie conception que dans la partie exploitation. Après avoir quitté Alpine au cours du tumultueux été 2023, il rejoint Williams avec la mission de développer la structure technique de l'équipe sur les cinq années à venir.

ÉVOLUTION DE WILLIAMS

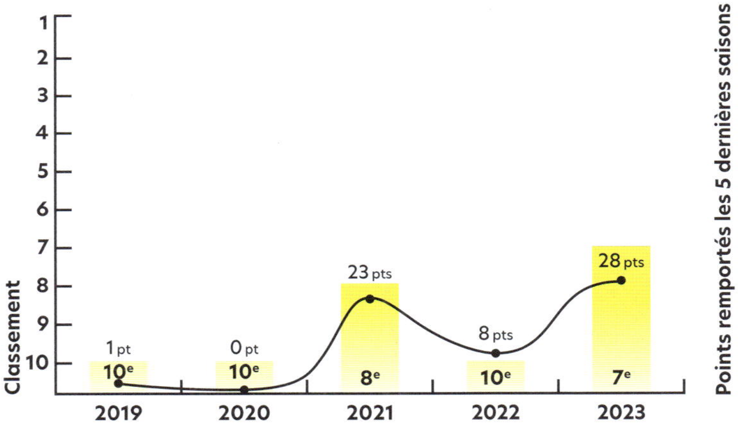

→ WILLIAMS-MERCEDES FW46

ALEXANDER ALBON

Le pilote thaïlandais a brillé l'an dernier au volant d'une Williams pourtant pas vraiment très performante. Il constitue une valeur sûre très courtisée.

LA FICHE

Nationalité	Thaïlandaise
Date de naissance	23 mars 1996
Écuries successives	Toro Rosso puis Red Bull (2019-2020) et Williams (depuis 2022)
Premier GP	Australie 2019
Départs en GP	81
Victoires en GP	0
Pole positions	0
Meilleurs tours	0
Podiums	2
Points marqués	228
Meilleur classement mondial	7e (2020)
Classement 2023	13^{e}

23

En Grande-Bretagne, Albon passe par le chemin classique du kart et des formules de promotion, poussé par son père, pilote à ses heures. Il commence à briller vraiment au moment de rejoindre la célèbre équipe découvreuse de talents ART Grand Prix. Mais sur sa route, il rencontre un adversaire assez encombrant du nom de Charles Leclerc. Il lui faudra changer d'équipe et aller chez Dams en F2, où cette fois il doit faire face, en 2018, à deux garçons tout autant coriaces nommés Russell et Norris. Il est alors choisi par Helmut Marko pour accéder à la F1 en 2019. Il entre chez Toro Rosso. Le site StatsF1.com note qu'en terminant 9e au Grand Prix de Bahreïn, il est « le premier Thaïlandais à inscrire des points en F1 depuis le prince Bira au Grand Prix de France 1954 ». Après l'avoir fait débuter dans les grands prix, Marko offre à Albon une meilleure chance encore, sans doute en raison de ses liens familiaux haut placés dans la famille de la boisson énergisante, mais il s'agit plutôt d'un cadeau empoisonné. En effet, il remplace Gasly pour la deuxième partie de la saison 2019 : ils échangent leur baquet, Gasly quitte Red Bull pour Toro Rosso et Albon entre chez Red Bull, l'écurie-sœur aînée. Mais son équipier est Verstappen, qui le surclasse nettement. Le scénario sera identique en 2020, Verstappen marque le double des points de son équipier et le condamne à l'exil en DTM. Albon doit alors se montrer patient. Il revient finalement aux grands prix en 2022 chez Williams, y reste en 2023 et poursuit en 2024 son parcours atypique. À lui de jouer devant Sargeant !

LE PETIT +

Il est le plus britannique des Thaïlandais. Car, s'il court en F1 sous les couleurs de la Thaïlande, Albon a vécu quasiment toute sa vie à Londres, où il est né. Sa famille est très proche du Thaïlandais Chaleo Yoovidhya, qui mit en vente, dans les années 1970, une fiole énergisante, le « krating daeng », devenu... Red Bull. Albon reste l'un des pilotes les plus cool de la F1 avec une politesse et une gentillesse remarquables.

LOGAN SARGEANT

Pour sa première saison, l'Américain a démontré un beau potentiel malheureusement gâché par de trop nombreuses erreurs. Saura-t-il saisir sa chance pour sa deuxième année en F1 ?

2

LA FICHE

Nationalité	Américaine
Date de naissance	31 décembre 2000
Écuries successives	
Williams (depuis 2023)	
Premier GP	Bahreïn 2023
Départs en GP	22
Victoires en GP	0
Pole positions	0
Meilleurs tours	0
Podiums	0
Points marqués	1
Meilleur classement mondial	21e (2023)
Classement 2023	21e

Logan Sargeant, seul Américain de la grille, nous arrive tout droit de la Floride, de Fort Lauderdale, connu pour ses pilotes et ses trafiquants de toutes sortes. Grâce au soutien financier de sa famille qui a pignon sur rue, il a pu dès son plus jeune âge s'attaquer au karting, où il s'est montré très brillant, comme le prouve son titre mondial dans la discipline. Il vivra ensuite sa vie dans les formules de promotion classiques, de la F4 à la F3 jusqu'en F2. Il y parvient pour une saison complète en 2022 et il y signe quatre victoires et la 4e place au championnat. Mais le plus important pour lui est de grimper l'avant-dernière marche vers la F1 en devenant pilote de réserve chez Williams. Puis il accède au sommet : il est pilote titulaire chez Williams en 2023. Il a beaucoup d'atouts dans son jeu. Tout d'abord, et depuis l'été 2020, la famille Williams a vendu l'entièreté de son équipe de F1 au fonds d'investissement américain Dorilton Capital, dont les ports d'attache sont, entre autres, New York et Houston. Compter dans ses rangs un pilote américain peut s'avérer bénéfique au moment où Liberty Media, groupe également américain, possédant les droits de la F1, tente de s'implanter plus largement aux États-Unis. Cette première saison ne s'avère pas réellement brillante. Sargeant marque de justesse un petit point aux États-Unis où, 12e, il bénéficie des disqualifications de Hamilton et Leclerc pour rallier la 10e place. En tout cas, il a eu une année pour apprendre et il peut mieux faire cette saison pour peu que le team Williams ait accompli les progrès nécessaires.

LE PETIT +

Terrible Grand Prix du Qatar l'an passé ! La chaleur accable les pilotes qui sont pourtant des sportifs surentraînés. Pour Sargeant, la course de 57 tours s'est arrêtée à la fin de la 40e boucle. Devant son stand, il ne peut plus sortir de son cockpit. Ses mécaniciens l'aident, mais son état est tel qu'il faut l'emmener immédiatement au centre médical pour le réanimer. La chaleur l'a battu par K.-O.

INFOS SUR L'ÉCURIE

Nationalité Italienne

Siège Faenza (I)

Antériorité en F1
Minardi (1985-2005),
Toro Rosso (2006-2019 : 1 victoire),
Alpha Tauri (2020-2023 : 1 victoire)

Propriétaire
Red Bull
Président
Peter Bayer
Team principal
Laurent Mekies
Chief Technical Officer
Tim Goss
Directeur technique
Jody Egginton
Directeur sportif
Alan Permane
Responsable aérodynamique
Ben Speed
Ingénieurs de course
Mattia Spini (Tsunoda)
et Pierre Hamelin (Ricciardo)
Pilote de réserve
Liam Lawson

VISA CASH APP RB (RACING BULLS)

NOUVEAU DÉPART

L'écurie junior de l'empire Red Bull change une nouvelle fois d'identité et se rapproche plus que jamais de sa grande sœur championne du monde. De quoi lui donner des ailes ?

Depuis son rachat par Red Bull en 2003, l'ex-équipe italienne Minardi a déjà couru sous deux identités différentes : Toro Rosso et Alpha Tauri. Ce dernier alias est en fait le nom d'une marque de vêtements lancée par le groupe autrichien. Cette initiative n'ayant pas porté les fruits attendus sur le plan industriel, la direction du groupe a décidé de changer une nouvelle fois le nom de son équipe bis qui devient Visa Cash App Racing Bulls. Ce renouvellement est accompagné par d'autres évolutions majeures. Tout d'abord, le remplacement de l'Autrichien Franz Tost, à la tête de l'équipe depuis 2006, par un nouveau duo directorial composé de Peter Bayer et Laurent Mekies. Ensuite, il a été décidé de jouer à fond la carte de la synergie avec l'équipe championne du monde. Cela se traduit concrètement par la réutilisation d'un maximum d'éléments mécaniques, dans le cadre permis par le règlement. L'an dernier, Alpha Tauri avait fait le choix de dessiner sa propre suspension arrière et son propre plancher. Ce n'est que lorsqu'elle a consenti à utiliser la suspension de la Red Bull - à partir du Grand Prix de Singapour - que l'équipe italienne a quitté la dernière place à laquelle elle végétait depuis le début de saison pour finalement

terminer au 8e rang du championnat Constructeurs. Pour 2024, cette coopération technique va encore s'intensifier.
Lancée dans une intense campagne de recrutement, l'antenne anglaise de Bicester déménage d'ailleurs à Milton Keynes, juste à côté de l'équipe Red Bull. Une évolution qui fait rager la concurrence. Zak Brown, le président de McLaren, n'a pas hésité à condamner publiquement ce rapprochement qui va s'accompagner, selon lui, d'un spectaculaire redressement des performances de l'équipe italienne. Dans ce contexte, le recrutement d'un pilote expérimenté tel que Daniel Ricciardo - déjà vainqueur à huit reprises en F1 - prend tout son sens pour une équipe jusque-là dédiée à la formation de jeunes pilotes.

LAURENT MEKIES
Un *Francese* aux commandes

Pour ce Tourangeau de 47 ans, devenir team principal de l'équipe junior de Red Bull est à la fois une consécration et un retour aux sources. Il a en effet déjà travaillé entre 2003 et 2013 au sein de l'équipe de Faenza, dont il était l'ingénieur en chef. Passé à la FIA pour s'occuper de sécurité (il est le père du halo), il a ensuite rejoint la Scuderia Ferrari, dont il est devenu le directeur sportif et le directeur adjoint. Proche d'un Binotto désavoué, il n'a pas hésité à relever le défi proposé par Red Bull.

PALMARÈS*

* Toro Rosso et Alpha Tauri

Débuts en Formule 1:
GRAND PRIX DE BAHREÏN 2006

0 championnat Constructeurs

0 championnat Pilotes

2 victoires

5 podiums

351 courses disputées

809 points marqués

1 pole position

3 meilleurs tours en course

ÉVOLUTION DE VISA CASH APP RB

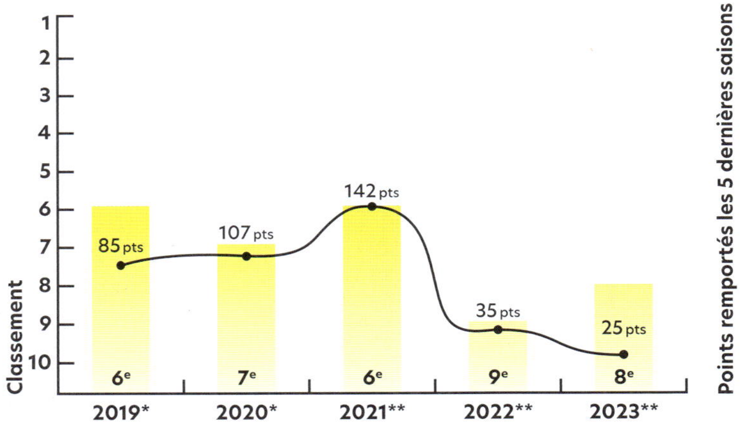

*sous le nom Torro Rosso **sous le nom Alpha Tauri

→ RB VCARB-RBPT HONDA 01

YUKI TSUNODA

Pur produit de la filière Red Bull, le Japonais n'est plus un jeune premier. Pour sa quatrième saison, il a pour mission de se hisser au niveau de son équipier, Daniel Ricciardo, vainqueur de huit grands prix.

LA FICHE

Nationalité	Japonaise
Date de naissance	1 mai 2000
Écuries successives	
Alpha Tauri (depuis 2021)	
Premier GP	Bahreïn 2021
Départs en GP	63
Victoires en GP	0
Pole positions	0
Meilleurs tours	1
Podiums	0
Points marqués	61
Meilleur classement mondial	14e (2021 et 2023)
Classement 2023	14e

22

Dans le club des pilotes de grands prix, Tsunoda se remarque en premier lieu par sa petite taille : il a du mal à atteindre les 1,60 m lorsque des Albon, Ocon ou bien Russell dépassent tranquillement les 1,86 m. Il a suivi les filières classiques au Japon, avec le karting et la F4, avant que Honda ne le remarque, en 2017, pour lui donner une chance de progresser. Ce qu'il fait en remportant le championnat en 2018. En cette période de prépandémie mondiale, les liens entre Red Bull et Honda vont commencer à se resserrer. Red Bull va accéder à la volonté de Honda, son motoriste, d'aider un pilote japonais. C'est aussi un bon moyen d'avoir, pour Honda, une interprétation japonaise de ce qu'il se passe dans l'équipe en général. Car la politique sportive de Red Bull est réputée comme très sévère dans la manière de gérer les pilotes, bien qu'elle aide beaucoup dans le domaine financier les jeunes pousses qui doivent faire leurs preuves. Tsunoda gère correctement sa progression et se hisse à un niveau très correct en F2 : trois victoires et la 3e place du championnat 2020. Ce résultat le propulse vers la F1 l'année suivante chez Alpha Tauri, la petite équipe Red Bull. Il pilote encore cette année pour elle, livrant ainsi sa quatrième année de F1. Il est toujours très complexe d'évaluer un pilote japonais. Globalement, Tsunoda se révèle être un bon attaquant, mais peut-être commet-il encore trop de fautes par excès d'enthousiasme. Il a encore à apprendre, de ses ingénieurs, de son patron qui sera Laurent Mekies (ex-Ferrari) et de son équipier, Daniel Ricciardo.

LE PETIT +

Voilà des années que le Japon essaie de pousser au sommet un pilote japonais. Deux dizaines de pilotes au moins ont tenté l'expérience sur un ou plusieurs grands prix. Ils sont souvent encouragés par Honda, ils sont japonais dans l'âme, polis et respectueux. Et voici Tsunoda qui, quand il est au combat rapproché sur la piste, n'hésite pas à rabrouer son ingénieur d'une voix aiguë par un «*Shut up*» («La ferme!»). Étonnant.

DANIEL RICCIARDO

LA FICHE

Nationalité	Australienne
Date de naissance	1er juillet 1989
Écuries successives	HRT (2011), Toro Rosso (2012-2013), Red Bull (2014-2018), Renault (2019-2020), McLaren (2021-2022) et Alpha Tauri (depuis 2023)
Premier GP	Grande-Bretagne 2011
Départs en GP	239
Victoires en GP	8
Pole positions	3
Meilleurs tours	16
Podiums	32
Points marqués	1 317
Meilleur classement mondial	3e (2014 et 2016)
Classement 2023	17e

Chouchou du public, Daniel Ricciardo a su rebondir après un décevant passage chez McLaren et quelques mois sans volant. Il a le profil parfait pour incarner les ambitions en hausse de son équipe.

3

L'Australien de Perth demeure une figure du paddock qui le côtoie depuis 2011. Il est entré en F1 par la toute petite porte. Kart, formules de promotion asiatiques, il arrive en Europe via la F3 et la Renault 3.5, toujours avec du succès. Pour lui aussi, il y aura la manne Red Bull qui le propulse en troisième pilote chez Toro Rosso, en 2011. Un vrai troisième pilote. Il participe notamment à des séances d'essais libres le vendredi matin. Cependant, c'est une équipe fugace dans le ciel de la F1 qui lui donne sa chance, HRT en l'occurrence, qui ne marquera aucun point durant ses trois saisons d'existence. Avec elle, Ricciardo dispute les onze premiers Grands Prix de sa carrière en 2011. La HRT F111 paraît brinquebalante, mais elle permet aux observateurs de remarquer le courage de Ricciardo. Il ne fait pas seulement bonne figure, il essaie de se battre en permanence pour tenter un résultat. Qu'il n'obtient pas. Toro Rosso et Red Bull le mettent sur les rails du succès. Ricciardo arrache ses premiers résultats en démontrant deux qualités majeures. Il excelle dans les freinages de dernière extrémité et il possède un sens inné du dépassement. Il sait déborder ses concurrents avec un aplomb éblouissant. Après Red Bull, où Verstappen règne en maître, il arrive chez Renault puis chez McLaren. Il n'est pourtant alors que l'ombre de lui-même et comprend qu'il doit marquer une pause, aucune équipe ne voulait de lui. Mais Alpha Tauri le rappelle à la mi-saison en remplacement de Nyck de Vries. Il se blesse cependant à la main aux Pays-Bas et manque cinq grands prix, puis revient aux États-Unis pour terminer l'année. Et pour signer pour 2024.

LE PETIT +

Ricciardo, c'est tout d'abord un sourire, une plaisanterie, des blagues et des traits d'esprit dans presque toutes les langues. Sa façon d'être est la joie de vivre, il fait souvent allusion au « *honey badger* » (ratel), animal agressif sous ses airs inoffensifs auquel il s'associe. Il aime son métier et, si une partie du paddock l'estime surcoté, l'autre partie l'apprécie réellement. Il fait la joie des médias qui l'interviewent.

Stake

F1® TEAM

INFOS SUR L'ÉCURIE

Nationalité Suisse

Siège Hinwil (CH)

Antériorité en F1
Sauber

Propriétaire
Finn Rausing et Audi
Team principal
Andreas Seidl
Directeur de l'écurie
Alessandro Alunni Bravi
Directeur technique
James Key
Directeur sportif
Beat Zehnder
Responsable ingénierie piste
Xevi Pujolar
Responsable aérodynamique
Evangelos Arvanitakis
Ingénieurs de course
Alex Chan (Bottas) et Jorn Becker (Zhou)
Pilotes de réserve
Théo Pourchaire et Zane Maloney

SAUBER STAKE F1 TEAM

EN TRANSITION ACTIVE

Après cinq saisons sous l'appellation Alfa Romeo, l'équipe suisse retrouve son identité d'origine qu'elle joint au nom de son sponsor en attendant son association avec Audi en 2026.

Créer une équipe de Formule 1 dans un pays où le sport automobile est interdit, voilà qui aurait pu aisément faire passer Peter Sauber pour un fou ! Mais non, Sauber est loin d'être un farfelu. Après avoir permis à Mercedes de renouer avec le succès aux 24 Heures du Mans, il s'est attaqué à la Formule 1 en 1993 grâce à un coup de pouce de la firme à l'étoile.

Très vite, Sauber s'est positionnée comme une équipe indépendante bien gérée et de très bon niveau, comme l'a prouvé son excellente 4e place au championnat en 2001. De quoi inciter des constructeurs à choisir cette structure pour en faire la base de leur engagement en Formule 1. BMW d'abord, entre 2006 et 2010. Un rachat ponctué par une victoire au GP du Canada et une superbe 2e place au championnat du monde 2007. Alfa Romeo ensuite, entre 2019 et 2023. Dans ce cas, l'implication du constructeur italien s'est davantage limitée à un rôle de sponsor. Mais Sauber, même si son fondateur a définitivement passé la main en 2017, n'a rien perdu de ses attraits auprès des constructeurs. Audi a d'ailleurs jeté son dévolu sur l'équipe suisse pour son programme F1 qui commencera officiellement en 2026. Dans la réalité, la coopération entre les deux firmes est déjà entamée. Le départ de Frédéric

Vasseur, appelé par Ferrari début 2023, a d'ailleurs permis de placer à la tête de Sauber Andreas Seidl, qui sera l'homme clé du projet Audi. Il se consacre déjà à cette préparation et délègue les affaires courantes à Alessandro Alunni Bravi.

Sous l'appellation de ses sponsors, l'équipe Sauber Stake Team F1 visera à retrouver son niveau de performance de 2022, saison à l'issue de laquelle elle avait pointé à une belle 6e place. Elle disposera toujours d'éléments mécaniques fournis par Ferrari (groupe propulseur et boîte de vitesses) et des deux mêmes pilotes, Valtteri Bottas (vice-champion 2019 et 2020) et le Chinois Guanyu Zhou.

PALMARÈS*

*Sauber, BMW-Sauber et Alfa Romeo-Sauber

Débuts en Formule 1 : GRAND PRIX D'AFRIQUE DU SUD 1993

0 championnat Constructeurs

0 championnat Pilotes

1 victoire

27 podiums

566 courses disputées

1014 points marqués

1 pole position

7 meilleurs tours en course

ÉVOLUTION DE SAUBER F1

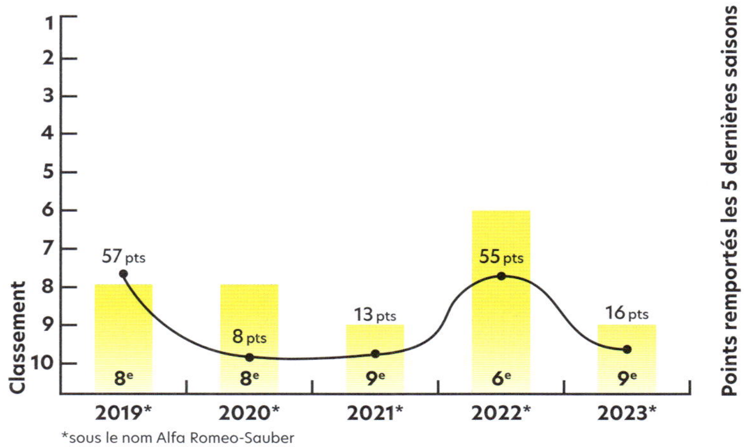

*sous le nom Alfa Romeo-Sauber

JAMES KEY
Le revenant

Nommé team principal début 2023, Andreas Seidl n'est pas venu seul de chez McLaren. Il a rapidement placé James Key au poste de directeur technique. Pas vraiment une nouveauté pour cet Anglais au CV bien rempli. Il a en effet déjà occupé ce poste à Hinwil de 2010 à 2012. Nommé directeur technique dès l'âge de 33 ans, Key bénéficie d'une jolie cote pour avoir remonté le niveau des différentes équipes dans lesquelles il est passé (Force India, Sauber, Toro Rosso). Seule l'expérience McLaren (2021-2022) présente un bilan décevant.

→ KICK SAUBER-FERRARI C44

VALTTERI BOTTAS

Malgré les contre-performances de Sauber l'an dernier, l'ex-équipier de Lewis Hamilton chez Mercedes n'a pas perdu sa motivation. Il est le solide pilier d'une équipe Sauber en pleine transition.

LA FICHE

Nationalité	Finlandaise
Date de naissance	28 août 1989
Écuries successives	Williams (2013-2016), Mercedes (2017-2021) et Sauber (depuis 2022)
Premier GP	Australie 2013
Départs en GP	222
Victoires en GP	10
Pole positions	20
Meilleurs tours	19
Podiums	67
Points marqués	1797
Meilleur classement mondial	2e (2019 et 2020)
Classement 2023	15e

77

Il y a plusieurs Valtteri Bottas : celui des grands prix, celui des réseaux sociaux et celui qui s'engage. Tout d'abord le pilote de course. Il tient sa place dans à peu près tous les comptes-rendus de F1. Ensuite, le sportif des réseaux sociaux : il y figure le plus souvent en train de disputer une course de vélo à travers le monde. Enfin, il y a le personnage public concerné par la recherche médicale et qui œuvre en bienfaiteur. Ce Finlandais plein d'humour a toujours aimé le sport : la natation, par sa première épouse, Emilia, nageuse de l'équipe olympique de Finlande, puis le vélo, depuis 2020, par Tiffany Cromwell, coureuse cycliste australienne. Mais à cela s'ajoute la F1 pour lui. Les succès en kart et en formules de promotion amènent Valtteri aux portes de la F1 chez Williams, qui le titularise en 2013. Il reste quatre ans dans cette écurie, avec une bonne réussite en 2014 (4e au championnat du monde). Cependant, la grande aventure de Bottas s'appelle Mercedes, où il devient l'équipier de Hamilton en 2017. Une tâche non aisée, mais il y excelle : Bottas remporte 10 victoires entre 2017 et 2021 et 58 de ses 67 podiums. Un résultat à apprécier, car il doit quelquefois céder la 1re place à Hamilton. Néanmoins, il termine deux fois 2e du championnat du monde derrière Lewis. Quand Russell arrive chez Mercedes en 2022, Toto Wolff, le patron de l'équipe Mercedes, demande à son ami Frédéric Vasseur chez Sauber, sponsorisé par Alfa Romeo, d'engager Bottas. Les résultats ne seront plus les mêmes...

LE PETIT +

Pour faire progresser les travaux en cancérologie, Bottas n'hésite pas à poser dans le plus simple appareil et vendre - pour 19,90 € - des calendriers qui iront à la recherche par le biais du programme Movember qui lutte contre les cancers de la prostate et des testicules. L'astuce est simple : à Bottas, on ajoute un second S à la fin pour compléter le mot « ass » qui signifie en anglais « arrière-train », « fesse », « cul », etc. Le « BottAss calendrier 2024 » a déjà récolté 150 000 dollars. Il en fait la promotion, y compris dans les courses de vélo qui serpentent dans le très montagneux arrière-pays niçois.

GUANYU ZHOU

LA FICHE

Nationalité	Chinoise
Date de naissance	30 mai 1999
Écuries successives	
Sauber (depuis 2022)	
Premier GP	Bahreïn 2022
Départs en GP	44
Victoires en GP	0
Pole positions	0
Meilleurs tours	2
Podiums	0
Points marqués	12
Meilleur classement mondial	18e (2022 et 2023)
Classement 2023	18e

Le pilote chinois aborde sa troisième saison en F1 et ne cesse de progresser. Avec Bottas, il dispose d'un excellent aiguillon. Reste à savoir si la Sauber lui permettra de s'exprimer…

24

Zhou est le premier pilote chinois de l'histoire à avoir disputé un grand prix. Il apparaît, comme beaucoup de ses compatriotes, sobre dans ses mouvements et son comportement, secret également et presque trop discret. Ils sont au total trois pilotes chinois à avoir tenté leur chance en F1. Mais pour deux d'entre eux (Qing-Ma et Aderly Fong), les possibilités se sont arrêtées au poste de réserviste. Après son passage dans les formules asiatiques de promotion, les deux premières saisons complètes de F1 de Zhou, en 2022 et 2023, ont été sans grands résultats. Mais Zhou restera dans les annales comme le pilote ayant fait progresser la sécurité en F1. Dans l'accident de Silverstone 2023 [voir encadré « Le petit + »], il s'est mis en position défensive, son casque tassé dans le cockpit sous le halo frontal. Et heureusement ! Les images de la télévision ont montré qu'au moment où la Sauber-Alfa Romeo est retombée sur le sol, le halo a résisté tandis que l'arceau de sécurité, pourtant capable d'encaisser une pression de 7 tonnes derrière le casque du pilote, a cassé net. Cela a entraîné une réflexion immédiate des spécialistes de la FIA pour renforcer la réglementation sur les arceaux. Merci à Zhou pour cette démonstration involontaire mais ô combien précieuse. Il en sera récompensé par le retour du Grand Prix de Chine, sorti du calendrier de 2020 à 2023, essentiellement pour cause de pandémie.

LE PETIT +

GP de Grande-Bretagne 2023. La course démarre dans le hurlement des moteurs et, soudain, une machine s'élève au-dessus des autres, se retourne aussitôt pour retomber lourdement sur l'asphalte. Elle glisse longuement dans l'échappatoire, puis dans la zone de dégagement. À l'envers. La voiture bute violemment sur le rail et fait un tonneau complet au-dessus des rangs de pneus. Elle s'immobilise enfin dans l'espace infime entre les murs de pneus et le grillage protégeant le public. Grue et médecins extraient le pilote. Emmené vers le centre médical, Zhou en ressortira rapidement : « Je suis OK, je suis OK, le halo m'a sauvé la vie. »

HAAS
DÉCLIN AMÉRICAIN

Après trois premières saisons surprenantes, la seule équipe américaine du plateau est sur la pente descendante depuis cinq ans. Parviendra-t-elle à redresser la situation cette saison avec un nouveau patron ?

INFOS SUR L'ÉCURIE

Nationalité Américaine

Sièges
Kannapolis (USA) et Banbury (GB)

Antériorité en F1
Activité ininterrompue depuis 2016

Propriétaire
Gene Haas
Président
Gene Haas
Team principal
Ayao Komatsu
Directeur technique
Andrea De Zordo
Ingénieur en chef
Rob Taylor
Responsable exploitation
Peter Crolla
Responsable aérodynamique
Ben Agathangelou
Ingénieurs de course
Mark Slade (Magnussen) et Gary Gannon (Hülkenberg)
Pilotes de réserve
Pietro Fittipaldi et Oliver Bearman

En annonçant sa volonté de créer une écurie de Formule 1 américaine, Gene Haas avait surpris son monde. Certes, ce producteur de machines-outils destinées à l'industrie n'est pas un novice en sport automobile. Son équipe de Nascar a même été couronnée de succès en 2011. Mais il y a bien plus qu'un océan entre la Nascar et la Formule 1... Plus le temps passe et plus l'entrepreneur américain prend la mesure de l'écart existant entre les deux disciplines.

Cela dit, cette sympathique aventure avait plutôt bien commencé, l'équipe américaine parvenant même à finir 6e de son premier grand prix en 2016. Une jolie performance! Encore plus remarquable est la 5e place au championnat conquise en 2018, au détriment de McLaren. Un résultat stupéfiant, rendu possible par les coups d'éclat de Kevin Magnussen et Romain Grosjean. Malheureusement, cette performance est restée sans lendemain. Depuis, l'équipe américaine plonge inexorablement. Le montage consistant à commander un moteur et des éléments mécaniques à Ferrari et un châssis à Dallara ayant montré ses limites, Haas s'est dotée de son propre bureau d'études, sans que cela ne révolutionne la destinée de cette équipe désormais reléguée en fond de grille. Chaque année, le commando américain se heurte à la même difficulté : une incapacité à faire progresser sa monoplace. La saison 2023 l'a une nouvelle fois démontré.

Après quelques coups d'éclat en qualifications (par exemple, le départ en 2e ligne de Hülkenberg à Miami), la VF-23 a perdu pied. Les évolutions qui ont été apportées, notamment à Austin, n'ont pas délivré les avancées attendues ni permis de mieux exploiter les pneus Pirelli. Pire : la nouvelle configuration s'est montrée moins performante ! Gene Haas s'est lassé de cette situation et a décidé de ne pas renouveler le contrat de Günther Steiner, le patron de l'écurie devenu star grâce à la série de Netflix, qui ne cessait de réclamer plus de moyens. Par ailleurs, il a été décidé de repartir d'une feuille totalement blanche pour le concept de la monoplace 2024 qui utilisera toujours des organes fournis par Ferrari.

PALMARÈS

Débuts en Formule 1 :
GRAND PRIX D'AUSTRALIE 2016

0 championnat Constructeurs

0 championnat Pilotes

0 victoire

0 podium

166 courses disputées

249 points marqués

1 pole position

2 meilleurs tours en course

AYAO KOMATSU
De l'ombre à la lumière

Très discret, l'ingénieur japonais vient d'être promu à 47 ans à la tête de l'équipe en remplacement du charismatique Günther Steiner. Né au Japon, Ayao Komatsu est installé en Grande-Bretagne depuis qu'il a 19 ans. Diplômé de l'université de Loughborough, il a longtemps travaillé pour l'écurie Renault devenue Lotus. Nommé responsable de l'exploitation dès la création de l'écurie Haas en 2016, il connaît bien l'équipe et a désormais la délicate mission de faire mieux avec un budget inchangé.

ÉVOLUTION DE HAAS

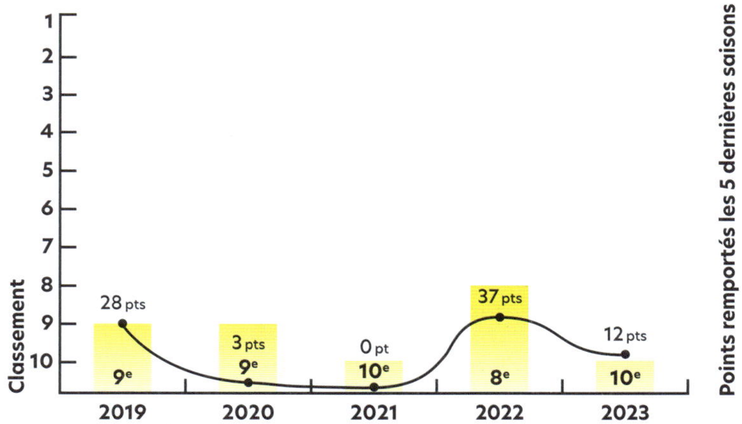

→ HAAS-FERRARI VF-24

NICO HÜLKENBERG

Revenu à la F1 l'an dernier après trois saisons sur le banc de touche, l'Allemand a vite retrouvé le rythme. Mais, après plus de 200 grands prix, il court toujours après son premier podium. Pas sûr que ce soit pour cette année…

27

Pour Nico, il y a eu peu de vrais grands moments dans sa carrière de pilote de F1. Il a disputé plus de 200 grands prix, mais la victoire ne lui a jamais souri. Dans ses meilleurs moments, il s'est arrêté au pied du podium : trois fois exactement - deux en Belgique en 2012 et 2016 et une fois en Corée, en 2013. Il n'est ni un guerrier, capable d'écrire sa propre histoire, ni un artiste, capable de ces coups de volant dont on reparle le soir à la veillée. Il est un soldat, il combat la plupart du temps dans l'anonymat. Un bon soldat sur lequel on peut compter et que l'on vient rechercher en cas de nécessité. C'est pourquoi sa carrière se déroule en dents de scie. Il débute en 2010. Puis on le retrouve en 2012, jusqu'en 2019. Il réapparaît pour quelques piges en 2020 ou 2022, avant d'effectuer une nouvelle saison complète l'an passé. Pour ceux qui l'engagent, il offre une certitude : il sait piloter, se débrouiller avec des machines le plus souvent rétives et il n'est pas trop mauvais en matière de mise au point. Pour les accrochages ou sorties de piste, il se tient dans la norme. De plus, il est discret. Mais, comme le disait Bernie Ecclestone, l'homme qui a construit la Formule 1 moderne, il ne peut pas y avoir dans la discipline que des superstars ou des champions extravagants : il faut auss des garçons capables de faire l'ossature d'une grille de départ, peu importe qu'ils soient anonymes. Hülkenberg est de ceux-là. Le seul reproche qu'on peut lui faire est d'avoir choisi pour numéro de course le 27 qui était celui de Gilles Villeneuve, synonyme de victoires et de panache.

LA FICHE

Nationalité	Allemande
Date de naissance	19 août 1987
Écuries successives	Williams (2010), Force India (2012), Sauber (2013), Force India (2014-2016), Renault (2017-2019), Racing Point (2020), Aston Martin (2022) et Haas (depuis 2023)
Premier GP	Bahreïn 2010
Départs en GP	203
Victoires en GP	0
Pole positions	1
Meilleurs tours	2
Podiums	0
Points marqués	530
Meilleur classement mondial	7e (2018)
Classement 2023	16e

LE PETIT +

Samedi 6 novembre 2010 : après les qualifications du GP du Brésil à Interlagos, Hülkenberg, émerveillé, voit accourir vers lui les médias. Il vient de conquérir sa première pole position. Jeudi 18 juin 2015 : Hülkenberg arrive sur le circuit de Spielberg à la veille du GP d'Autriche. Il voit, ahuri, les médias courir à nouveau vers lui. Le week-end précédent, il a gagné les 24 Heures du Mans pour sa première participation.

KEVIN MAGNUSSEN

LA FICHE

Nationalité	Danoise
Date de naissance	5 octobre 1992
Écuries successives	McLaren (2014), Renault (2016) et Haas (2017-2020 ; depuis 2022)
Premier GP	Australie 2014
Départs en GP	163
Victoires en GP	0
Pole positions	1
Meilleurs tours	2
Podiums	1
Points marqués	186
Meilleur classement mondial	9e (2018)
Classement 2023	19e

Trop content de quitter le projet Peugeot 9X8 en Endurance, le Danois a retrouvé une place sur la grille de départ. Malheureusement, plutôt au fond de la grille…

20

Le Danemark est un petit pays où les infrastructures nécessaires à la pratique de la course automobile n'apparaissent pas vraiment développées. Pourtant, les Danois font des efforts pour leur pilote. Il n'est pas rare en fin de saison à l'autre bout du monde de croiser quelques dizaines de compatriotes de Kevin Magnussen, réunis dans un dîner durant lequel ils fêtent la prochaine saison de F1 de leur poulain. Mais est-ce suffisant ? S'installer dans la course automobile au plus haut niveau est bien plus ardu que réunir quelques sponsors personnels. Kevin a été aidé par son père qui a quelque peu tracé sa voie. Jan fut en effet un pilote de F1 durant deux douzaines de grands prix mais, probablement à cause d'un accident hors de la compétition, il ne put ensuite concrétiser les espoirs placés en lui. Il était devenu l'ombre de lui-même du point de vue des résultats. La première saison de Kevin chez McLaren, en 2014, se caractérise surtout par les pénalités qu'il reçoit pour mauvaise conduite sur la piste. Aucune équipe ne souhaite l'avoir dans ses rangs. Aussi faut-il attendre 2016 pour le trouver chez Renault avant qu'il n'arrive en 2017 dans l'équipe américaine de Gene Haas, son employeur actuel. Il y connaîtra une « année sans », en 2021, avant de réintégrer les rangs. En 2019, Kevin s'est marié, puis est devenu père de famille : est-ce là la clé de sa mue ? Il se montre plus responsable au volant, plus correct sans avoir perdu ses capacités. Son agressivité et sa soif de résultats restent intactes, mais cantonnées à des objectifs bien précis. C'est mieux pour lui et pour les autres…

LE PETIT +

Au fil des saisons, Kevin Magnussen a notablement amélioré son comportement en piste tout autant que son sale caractère. À ses débuts, il se montrait réellement hostile dans le combat rapproché, ne reculant devant aucune manœuvre répréhensible, coups de volant inopinés, freinages improbables et, pied à terre ensuite, avec l'injure à la bouche à la moindre remarque. Somme toute, le méchant de la F1.

Avec 24 épreuves, la Formule 1 utilise de plus en plus de circuits urbains non-permanents, à l'instar du Grand Prix de Singapour, seule épreuve ayant échappé à Red Bull en 2023 (victoire de Carlos Sainz Jr.).

LES GRANDS PRIX 2024

24 grands prix ! Voilà le programme aussi ambitieux qu'inédit que proposent les promoteurs de la F1 dans leur insatiable volonté d'expansion. Le Grand Prix de Chine (absent depuis quatre ans) et celui d'Émilie-Romagne (annulé au dernier moment en 2023 pour cause d'inondations) effectuent leur retour alors que d'autres épreuves changent de dates. Les organisateurs de la Formule 1 ont en effet compris qu'il fallait rationaliser les déplacements, objectif à peu près atteint, si l'on excepte le Grand Prix du Canada organisé en pleine saison européenne. Le programme commence donc le 2 mars - un samedi ! - par une tournée vers l'Asie avant de venir en Europe et de conclure la saison par un tour du monde Asie-continent américain-Asie s'achevant avec une finale à Abu Dhabi, le 8 décembre. Six courses sprint viendront pimenter la saison en Chine, à Miami, en Autriche, à Austin, au Brésil et au Qatar. Ces sprints ont désormais lieu le samedi matin, avant les qualifications du grand prix.

GRAND PRIX DU BAHREÏN

Diffusion le **2 mars 2024 à 16 heures** sur **Canal+**

2 MARS 2024

Tracé en plein désert, le circuit de Sakhir présente un profil assez atypique, particulièrement éprouvant pour les freins. Attention : le coup d'envoi de la saison aura lieu un samedi en nocturne !

Le circuit de Sakhir, à une trentaine de kilomètres de Manama, la capitale du royaume, marque, en 2004, le début de l'histoire de la Formule 1 au Moyen-Orient. Une histoire durable, puisqu'elle se poursuit aujourd'hui au Qatar, en Arabie saoudite et à Abu Dhabi. Depuis 2021, Bahreïn ouvre régulièrement la saison, privilège qu'il partageait auparavant avec l'Australie.

Pour l'édition 2024, le circuit se présente sous sa forme traditionnelle. Au fil des ans, le tracé a varié deux fois : un allongement de multiples virages supplémentaires et de chicanes inutiles en 2010, abandonné l'année suivante. En 2020, pour cause de pandémie, Bahreïn a offert deux circuits au calendrier, le traditionnel et le développement grande vitesse de 3,5 km, et ce dans un contexte exceptionnel. Dès 2021, la F1 retrouve sa piste habituelle de 5,412 km composée de 15 virages. Parmi ceux-ci, le téléspectateur aura un regard particulier pour les virages 9 et 10. Le 9, un gauche en dévers, débouche sur le 10 en épingle, où les pilotes ne trouvent pas toujours l'équilibre nécessaire et où les erreurs sont nombreuses. Autre singularité : en 2004, les simulations ne prévoyaient pas l'intensité globale des freinages jusqu'à ce que David Coulthard arrête sa McLaren sur la piste, ses disques de frein avant tombant en morceaux sous la voiture.

EN 2023

Le paddock attend beaucoup des Red Bull RB19 à moteur Honda et des Mercedes W14. La W13 de l'année précédente faisait l'objet d'une importante refonte aérodynamique, avec un concept de pontons latéraux réellement surbaissés devant les roues arrière. Très rapidement, il fallut se rendre à l'évidence, cette solution ne fonctionnait pas idéalement. Pourtant, la W14 retient encore ce concept et tout laisse à croire que, cette fois, il sera optimal. Chez Ferrari, le manager français Frédéric Vasseur prend ses fonctions de patron de la Scuderia sur le terrain, mais il ne peut que parer au plus pressé : la Ferrari SF23 n'a pas été conçue sous sa direction. Quant à la curiosité de ce début de saison, elle s'appelle Aston Martin, qui utilise… Fernando Alonso comme pilote n° 1 ! La course laisse peu de place aux interrogations : Max Verstappen, leader de la formation Red Bull, l'emporte largement devant son équipier « Checo » Pérez et le troisième homme du podium, le toujours entreprenant Fernando Alonso, doyen de la grille.

POLE POSITION
Verstappen,
Red Bull-Honda, en 1'29"708
(moyenne 217,185 km/h)

PODIUM
1- VERSTAPPEN, Red Bull-Honda, les 57 tours en 1h33'56"736 (moyenne 196,862 km/h)
2- PÉREZ, Red Bull-Honda, à 11"987
3- ALONSO, Aston Martin-Mercedes, à 38"637

MEILLEUR TOUR
Zhou, Alfa Romeo,
en 1'33"996 au 56e tour
(moyenne 207,277 km/h)

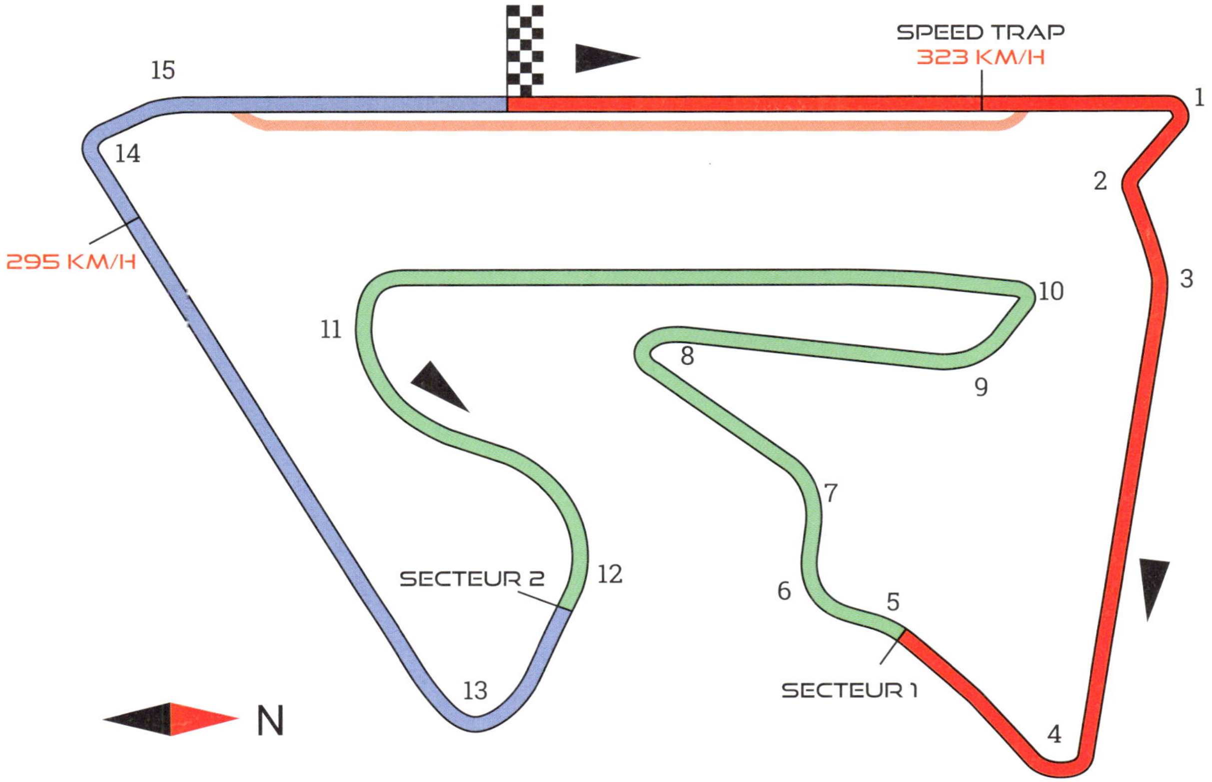

CIRCUIT INTERNATIONAL DE SAKHIR

Longueur
5,412 km

Sens
HORAIRE

15 virages
6 à gauche,
9 à droite

Distance de la pole au 1er freinage
589 m

Pleine charge accélérateur
75% du tour

Changements de vitesse par tour
74

Énergie freinage
HAUTE

Consommation
HAUTE

Longueur zone des stands
421 m

Temps moyen pour un changement de pneus standard
22,5 secondes

L'ŒIL DE L'INGÉNIEUR

Gare aux gommes

L'asphalte est composé d'un granite importé de Grande-Bretagne : une véritable râpe pour les gommes ! Les virages lents et moyens qui suivent les longues lignes droites mettent à l'épreuve les qualités de freinage et de traction des monoplaces. Les pneus arrière sont souvent les plus limitants. L'enchaînement 5-6-7 permettra de se faire une première idée des performances des équipes en virages rapides. Le virage 12, qui se prend à fond en qualifications (260 km/h), peut déclencher du marsouinage pour les monoplaces les plus sensibles. En course, les ingénieurs surveillent de près la gestion des pneus dans le 6 et le 12 (235 km/h), les métriques de traction en sortie des virages lents et le « LICO » (*lift and coast*) nécessaire pour la gestion des freins, de l'essence et des pneus.

GRAND PRIX D'ARABIE SAOUDITE

9 MARS 2024

Pays de plus en plus impliqué en sport automobile, l'Arabie saoudite se devait d'avoir son grand prix de Formule 1. C'est chose faite depuis 2021 avec une course nocturne qui aura lieu exceptionnellement un samedi cette année.

Diffusion en clair le **9 mars 2024 à 18 heures** sur **Canal+**

Bien que ne franchissant qu'une seule frontière, entre Bahreïn et Arabie saoudite, il faudra près de 1 500 kilomètres aux équipes de F1 pour rejoindre la deuxième destination de la saison : Djeddah. Que l'Arabie saoudite possède elle aussi une prestigieuse affiche Formule 1 de nuit, il ne pouvait en être autrement étant donné que le principal sponsor de la F1, la firme saoudienne Aramco, génère un chiffre d'affaires de plus de 600 milliards de dollars. Ce qui ne manque pas de faire regretter aux amateurs de grands prix la construction d'un circuit somme toute improbable. L'Arabie saoudite avait les moyens de faire beaucoup mieux que ce circuit installé sur la corniche de Djeddah, tout en longueur, doté de 27 virages sur pas moins de 6,1 km. Et, de surcroît, un circuit très dangereux, avec des vitesses maxi ahurissantes, entre des rails et des protections proches de la piste, comme à Monaco. À plus de 250 km/h de moyenne. La petite histoire nous dit que, bientôt, il y aura un nouveau circuit capable d'accueillir la F1 en grande pompe. Très possible : on peut tout attendre d'un pays qui a réussi à obtenir l'organisation des Jeux asiatiques... d'hiver.

EN 2023

Certaines zones du circuit ont été élargies et deux virages ont été ralentis, remarque StatsF1.com. La démonstration des Red Bull deux semaines auparavant à Bahreïn a stupéfait le paddock. Verstappen brille aux essais, mais les qualifications le voient victime d'un bris d'arbre de roue qui le cantonne au milieu de la grille de départ. Tous les feux sont au vert pour son équipier Pérez. Néanmoins, dès le départ, Alonso prend le meilleur sur Pérez. Enfin, les pilotes Red Bull vont trouver un adversaire à leur mesure. Mais au 4e tour, Pérez est en tête. La performance d'Alonso est enthousiasmante. Peu avant la mi-course, cependant, ce diable de Verstappen a fait la jonction depuis la 15e place sur la grille avec Alonso pour lui souffler la 2e place. À l'arrivée, le doublé des Red Bull, Pérez devant Verstappen, est salué chapeau bas, de même que la nouvelle 3e place d'Alonso. Derrière ce podium suivent dans le classement les deux Mercedes précédant les deux Ferrari.

POLE POSITION
Verstappen,
Red Bull-Honda, en 1'28"625
(moyenne 251,814 km/h)

PODIUM
1- PÉREZ, Red Bull-Honda, les 50 tours en 1h21'14"894 (moyenne 227,083 km/h)
2- VERSTAPPEN, Red Bull-Honda, à 5"355
3- ALONSO, Aston Martin-Mercedes, à 20"728

MEILLEUR TOUR
Verstappen, Red Bull-Honda, en 1'31"906 au 50e tour (moyenne 241,838 km/h)

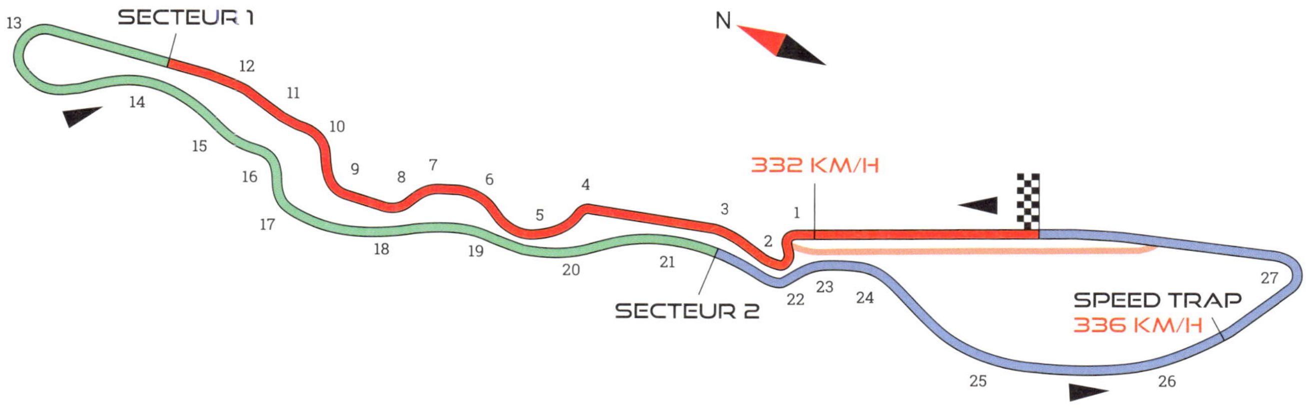

L'ŒIL DE L'INGÉNIEUR

Virages à haut risque

L'enchaînement à très grande vitesse des virages 5 à 10 sanctionne la moindre instabilité du train arrière : le nombre de corrections apportées au volant est révélateur. En qualifications, il faut parvenir à frôler le mur à l'intérieur du virage 7 à plus de 260 km/h pour espérer passer le 8 à fond. En trois éditions, seule une poignée de pilotes y est parvenue. Lewis Hamilton n'en fait pas partie, signe du manque d'harmonie entre le septuple champion du monde et ses précédentes W13 et W14. Le revêtement est peu abrasif. La mise en température du pneu avant gauche peut être problématique, par exemple après une *safety car*. La dégradation est cependant moins importante qu'à Bahreïn. En course, le pneu limitant se situe du côté droit : à l'avant pour qui souffre de sous-virage ; à l'arrière pour d'autres, plus nombreux en 2023, pour qui les ingénieurs surveillaient les métriques en sortie des 7, 10, 13, 17 et 27.

CIRCUIT DE DJEDDAH

Longueur
6,174 km

Sens
ANTI HORAIRE

27 virages
16 à gauche,
11 à droite

Distance de la pole au 1er freinage
305 m

Pleine charge accélérateur
82% du tour

Changements de vitesse par tour
42

Énergie freinage
MOYENNE

Consommation
HAUTE

Longueur zone des stands
391 m

Temps moyen pour un changement de pneus standard
20 secondes

GRAND PRIX D'AUSTRALIE

Diffusion le **24 mars 2024 à 5 heures** sur **Canal+**

24 MARS 2024

Tracé au cœur du magnifique Albert Park, le circuit de Melbourne a perdu le privilège d'ouvrir la saison. Il n'en reste pas moins l'une des étapes préférées des équipes malgré l'éloignement.

Le premier Grand Prix d'Australie comptant pour le championnat du monde a été disputé sur le circuit urbain tracé dans les faubourgs d'Adélaïde (Australie-Méridionale) en 1985. Puis, en 1996, les pionniers ont passé le flambeau à Melbourne (État de Victoria), une ville agréable, ouverte sur le sport, les arts et la douceur de vivre. Depuis 1996, Melbourne a ainsi accueilli la F1 chaque année, excepté en 2020 et 2021, l'Australie s'étant isolée pour cause de Covid. Le rendez-vous de la F1 à Melbourne est devenu célèbre. Malgré la longueur des voyages depuis l'Europe ou les États-Unis, la destination reste très prisée dans le milieu de la course. De même, sur tout l'État-continent, le Grand Prix est un « must » que ne manquent ou n'ont pas manqué les champions du monde australiens, sir Jack Brabham ou Alan Jones, de même que les stars de cinéma telle Nicole Kidman. Cette année, les habitants de Melbourne regarderont avec les yeux de Chimène la «*rising superstar*» Oscar Piastri (le jeune prodige, né à Melbourne), et ne négligeront pas Daniel Ricciardo, qui affirme souvent que son Australie natale lui manque beaucoup. Le circuit – que les écologistes anti-F1 surveillent de près – est tracé autour d'un lac dans l'Albert Park, qui abrite aussi des installations sportives pour le cricket ou le tennis.

EN 2023

L'histoire conservera de cette course le mauvais souvenir des drapeaux rouges. Dès les premiers essais, une panne informatique perturbe en partie le fonctionnement des transpondeurs. Les équipes ne suivent plus leurs machines à distance : premier drapeau rouge. Dans les premières minutes de la séance de qualifications, «Checo» Pérez sort de la piste : drapeau rouge, pas de chrono qualificatif et donc une dernière place sur la grille pour le Mexicain. Au départ de la course, les deux Mercedes de Russell et d'Hamilton parviennent à déborder Verstappen, le «poleman». Au 7e tour, drapeau rouge : grosse sortie de la Williams d'Albon. Nouveau départ : il faut 2 tours à Verstappen pour se débarrasser d'Hamilton et filer vers la victoire. Dans le fond du peloton, Magnussen tape violemment : drapeau rouge. Ultime départ pour 3 tours, et c'est un entassement général avec 4 voitures au tapis, dont les deux Alpine des Français Gasly et Ocon. Un grand prix très coûteux pour le team.

POLE POSITION
Verstappen,
Red Bull-Honda, en 1'16"732
(moyenne 247,625 km/h)

PODIUM
1- VERSTAPPEN, Red Bull-Honda, les 58 tours en 2h32'38"371
(moyenne 120,332 km/h)
2- HAMILTON, Mercedes, à 0"179
3- ALONSO, Aston Martin-Mercedes, à 0"769

MEILLEUR TOUR
Pérez, Red Bull-Honda
en 1'20"235 au 53e tour
(moyenne 241,838 km/h)

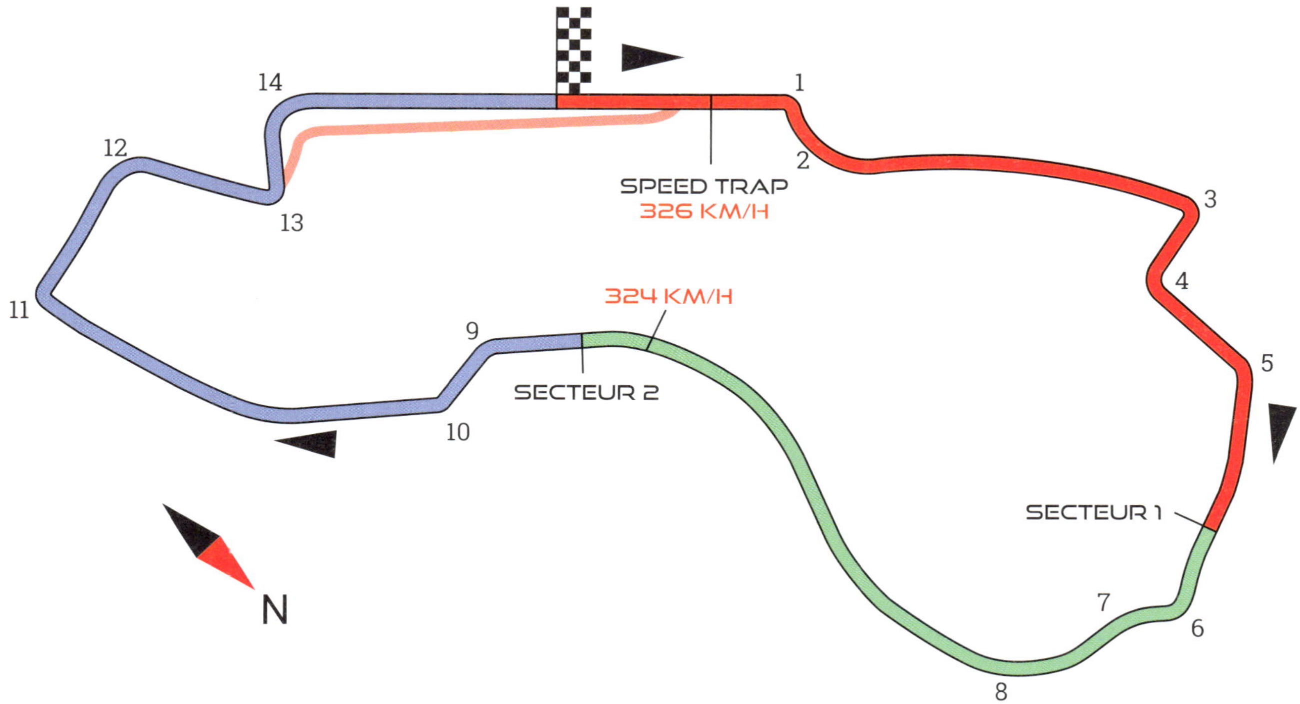

L'ŒIL DE L'INGÉNIEUR

Températures à surveiller

Ce circuit non permanent dispose, depuis 2022, d'un asphalte peu abrasif contenant des éléments métalliques. L'adhérence évolue énormément d'une séance à l'autre. Trouver les bons réglages peut se révéler un véritable casse-tête : ce fut le cas pour Verstappen en 2022. Ici, ce sont les pneus du côté gauche qu'il faut protéger. Naturellement, il faut veiller à ne pas surchauffer l'arrière : en 2022, en début de relais, Peter Bonnington, l'ingénieur de Lewis Hamilton, fixait la limite à 104 °C. Mais gare au graining, notamment à l'avant gauche ! Au fur et à mesure des tours, l'épaisseur de la gomme diminue, le pneu perd en chaleur et les températures avant peuvent devenir trop basses. En cas de sous-virage lors d'un relais, les ingénieurs seront prompts à suggérer une modification du « DIFF-MID » (différentiel en milieu de virage). Il pourra être demandé aux pilotes de réduire la quantité de LICO : freiner davantage aide à garder le pneu en température. Mais pour utiliser ce levier, il faut être serein sur sa consommation d'essence.

CIRCUIT DE L'ALBERT PARK

Longueur
5,278 km

Sens
HORAIRE

14 virages
5 à gauche,
9 à droite

Distance de la pole au 1er freinage
261 m

Pleine charge accélérateur
74% du tour

Changements de vitesse par tour
42

Énergie freinage
MOYENNE

Consommation
HAUTE

Longueur zone des stands
281 m

Temps moyen pour un changement de pneus standard
19 secondes

GRAND PRIX DU JAPON

Diffusion le **7 avril 2024 à 7 heures** sur **Canal+**

7 AVRIL 2024

Le circuit de Suzuka (qui accueille, cette année, le GP du Japon en avril vs septembre en 2023) demeure l'un des plus sélectifs de la saison avec des dégagements réduits. Il est aussi le seul à avoir une forme de huit.

L'un des changements majeurs du calendrier 2024 : le Grand Prix du Japon se disputera au début du printemps et non en automne, comme ce fut toujours le cas. Un bon moyen d'éviter les gros orages, voire les typhons. Une façon également rationnelle de réorganiser un calendrier qui avait tendance à éparpiller les longs voyages. En 2024, il y aura donc un triptyque extrême-oriental : Australie-Japon-Chine. Le circuit de Suzuka constitue l'un des joyaux de la couronne F1. Son tracé a été dessiné par le grand architecte des circuits, John Hugenholtz (par ailleurs auteur de Zandvoort ou de Jarama). Ce projet lui fut commandé par Soichiro Honda en personne qui souhaitait que ses modèles de série soient testés dans tous types de virages. Mais au Japon l'espace est mesuré, d'où la configuration en 8, la piste étroite, les dégagements souvent restreints et la variété des virages qui confère à Suzuka une terrible sélectivité. Le téléspectateur aura une attention spéciale pour le 130R (n° 15), effrayant même s'il a été élargi, ou bien Degner (n° 9), une nasse dans laquelle tombent de nombreux pilotes. En effet, ce virage suit une impressionnante enfilade de courbes. Après la courbe 7, le pilote reprend son souffle sur le 8, un droite relativement léger, et le piège se referme juste avant de passer sous le pont. Les dégagements sont alors trop serrés pour pouvoir rattraper la situation...

EN 2023

Vettel a raccroché son casque fin 2022, mais, depuis longtemps, il prête attention à l'écologie. Aussi a-t-il décidé d'installer des ruches en haut d'un virage de Suzuka. Onze ruches au total. Pour démontrer qu'ils ne sont pas insensibles à cette question, tous les pilotes de F1 assistent à l'ouverture de ce parc spécifique. Ce sera l'une des attractions de ce GP du Japon, l'autre attraction s'appelant Yuki Tsunoda, seul pilote nippon dans le grand cirque.
Pour le reste, les quatre premiers pilotes sur la grille seront les quatre premiers pilotes sur la ligne d'arrivée : Max Verstappen, Lando Norris, Oscar Piastri et Charles Leclerc, soit une Red Bull-Honda, deux McLaren-Mercedes et une Ferrari. Il s'agit de la 48e victoire de Verstappen en F1, presque une habitude cette saison 2023. Le Japon constituait la 16e épreuve du championnat du monde qui en comptait 22. Red Bull-Honda y fête le titre de champion du monde des constructeurs, le 6e de son histoire.

POLE POSITION
Verstappen,
Red Bull-Honda, en 1'28"877
(moyenne 235,214 km/h)

PODIUM
1- VERSTAPPEN, Red Bull-Honda, les 53 tours en 1h30'58"421
(moyenne 202,787 km/h)
2- NORRIS, McLaren-Mercedes, à 19"387
3- PIASTRI, McLaren-Mercedes, à 36"494

MEILLEUR TOUR
Verstappen, Red Bull-Honda, en 1'34"183 au 39e tour
(moyenne 221,963 km/h)

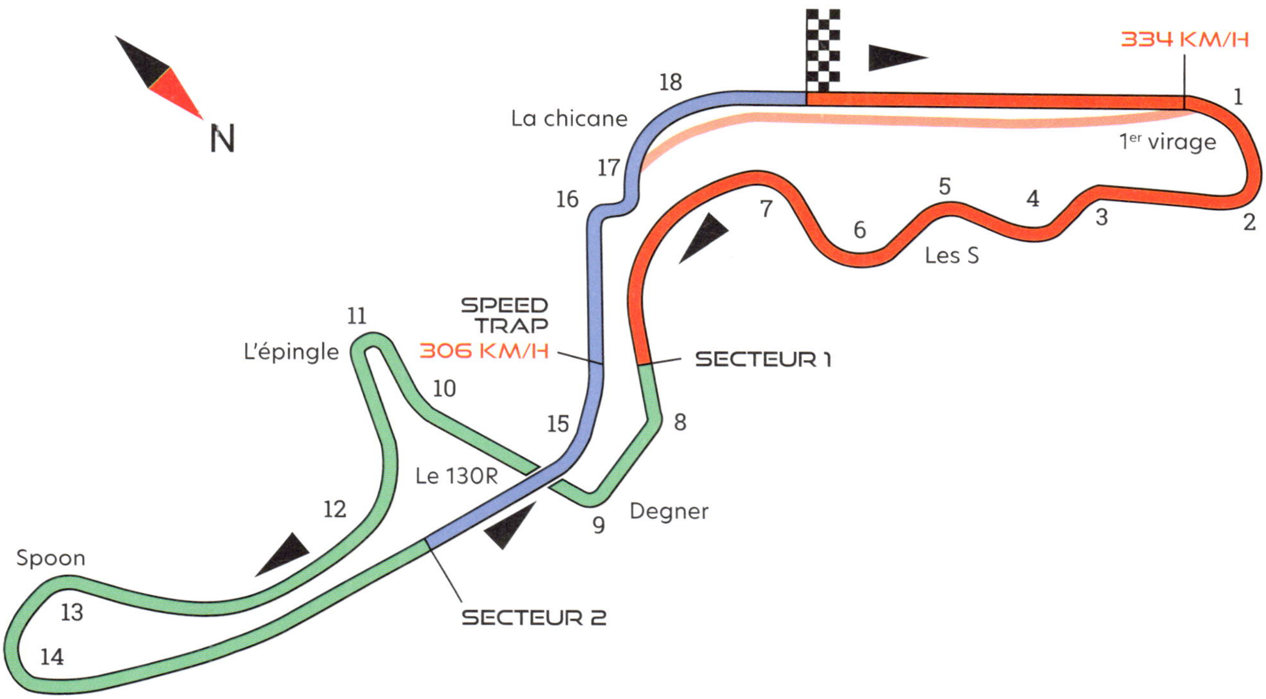

L'ŒIL DE L'INGÉNIEUR

Chacun son style

Un circuit mythique qui offre la possibilité aux pilotes de faire la différence. Illustrons ce propos grâce aux données télémétriques du premier secteur recueillies lors des qualifications 2023. L'enchaînement 1-2 peut être considéré comme un unique virage. Le freinage délicat pour le 2 ne débute qu'au milieu du 1, à plus de 330 km/h, volant incliné ! Leclerc fut le seul à se servir de ses freins dans chacun des virages 4, 5, 6 et 7. À l'extrême opposé, Norris décidait qu'il était préférable de ne jamais freiner de toute la séquence ! Verstappen, qui disposait d'un avantage insolent de 15 km/h entre le 3 et le 6 sur Norris (le meilleur de ses rivaux dans cet enchaînement), ne freinait que pour le 6. Hamilton et lui sacrifiaient ce virage, le plus lent de la séquence (190 km/h), pour privilégier le 7. Des compromis différents peuvent également être observés entre le 8 et le 9, à l'épingle du 11 (certains privilégient la corde, d'autres préfèrent l'extérieur) ou encore entre l'entrée du 13 et la sortie du 14.

CIRCUIT DE SUZUKA

Longueur
5,807 km

Sens
HORAIRE

18 virages
8 à gauche,
10 à droite

Distance de la pole au 1er freinage
332 m

Pleine charge accélérateur
60% du tour

Changements de vitesse par tour
48

Énergie freinage
BASSE

Consommation
MOYENNE

Longueur zone des stands
404 m

Temps moyen pour un changement de pneus standard
22 secondes

GRAND PRIX DE CHINE

Diffusion le **21 avril 2024 à 9 heures** sur **Canal+**

Course sprint le samedi

21 AVRIL 2024

Après quatre années d'absence, le Grand Prix de Chine effectue son grand retour. C'est la première fois que les équipes poseront les roues sur le circuit de Shanghai avec des monoplaces à effet de sol. Elles disputeront aussi la première course sprint de la saison.

La Formule 1 revient en Chine après quatre années d'absence, essentiellement pour cause de pandémie. En dehors de l'environnement qui peut plaire ou déplaire, il faut avouer que, en projetant et en construisant ce circuit, les Chinois ont vu grand. Très grand même, car les installations sont gigantesques : une monumentale tribune principale, deux piliers géants avec vision sur toute la piste et, au-dessus, deux portants magnifiques en forme d'aileron. À l'inauguration de la piste en 2004 pour la F1, la circulation était monstrueuse dès qu'il s'agissait de revenir à Shanghai, où les boulevards périphériques sont à plusieurs étages. Depuis, les accès ont pu s'améliorer. La piste présente de multiples facettes très intéressantes, dont un « escargot » majeur à 4 phases après la ligne droite des stands et un second « escargot » à 3 phases, où la sortie est très importante, car elle commande la ligne droite la plus longue du circuit, plus de 1 km. Pour le reste, les virages sont variés, avec épingles et grandes courbes, et offrent un aspect réellement sélectif. Dans l'histoire de la course, le circuit de Shanghai organisait, en 2019, la 1 000e épreuve comptant pour le championnat du monde des conducteurs devenu ensuite le championnat du monde de F1. Les festivités n'ont toutefois présenté aucun caractère inoubliable.

EN 2019

Quatre années d'absence ... un siècle en F1 ! Lors de ce rendez-vous de Shanghai en 2019, Lando Norris, par exemple, disputait le 3e grand prix de sa carrière, Charles Leclerc en était à 24 grands prix, Pierre Gasly à 29, Max Verstappen à 42, tandis que, du côté des superstars, Sebastian Vettel comptait quatre titres mondiaux, alors que Lewis Hamilton allait en conquérir un sixième. Il n'y avait pas l'ombre d'un Chinois parmi les engagés, Guanyu Zhou n'avait pas encore abordé la F1 lorsque se déclara la pandémie Covid, qui justifie, en partie, ces quatre années d'interruption. Les Mercedes apparaissaient toutes-puissantes comme elles l'étaient depuis le début de l'ère des moteurs hybrides en 2014. En qualifications, Bottas, qui rivalisait assez souvent avec son équipier Hamilton, signait la pole, mais c'est Hamilton qui domina le grand prix de bout en bout. Seuls les six premiers terminaient dans le même tour : Hamilton, Bottas, Vettel, Verstappen, Leclerc et Gasly.

POLE POSITION
Bottas,
Mercedes, en 1'31"547 (moyenne 214,556 km/h)

PODIUM
1- HAMILTON, Mercedes, les 56 tours en 1h32'06"350 (moyenne 198,727 km/h)
2- BOTTAS, Mercedes, à 6"552
3- VETTEL, Ferrari, à 13"744

MEILLEUR TOUR
Gasly, Red Bull-Honda, en 1'34"742 au 55e tour (moyenne 207,127 km/h)

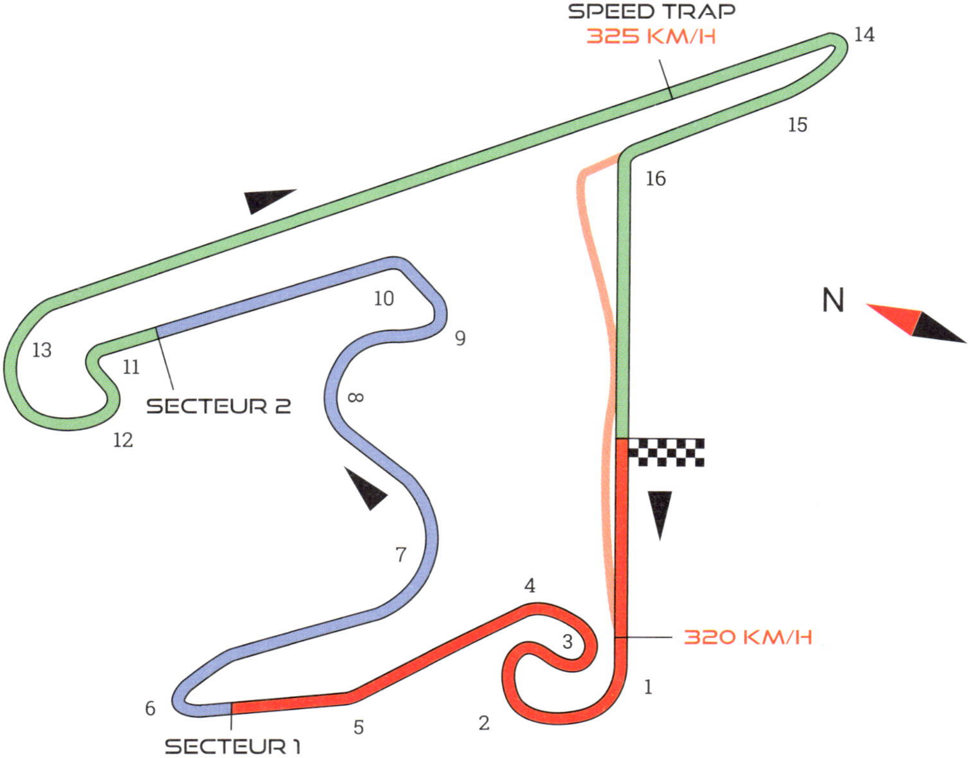

L'ŒIL DE L'INGÉNIEUR

Renouveler les données

Les équipes corrigeront leurs données historiques (simulateurs, stratégies, etc.) pour les adapter aux caractéristiques actuelles des F1 et des pneus. La variété des virages récompensera les voitures possédant une large fenêtre d'exploitation : trouver un équilibre satisfaisant sur l'ensemble du tour est un exercice délicat. Les conditions météorologiques peuvent être fraîches. Le train avant doit attaquer à grande vitesse les interminables virages 1 et 2 alors que les températures des pneus sont au plus bas, refroidis par les deux longues lignes droites : gare au sous-virage et au graining à l'avant-gauche, facteur limitant jusqu'en 2019. Avec l'ancienne gamme Pirelli, l'undercut pouvait être très puissant : en 2018, Vettel ressortait derrière Bottas malgré ses 3,4 s d'avance avant l'arrêt. Red Bull montrait déjà sa supériorité tactique : 2 secondes entre le déclenchement de la *safety car* au 31e tour et la décision gagnante d'arrêter leurs deux voitures, quand Mercedes et Ferrari laissaient Hamilton et Räikkönen en piste avec des « medium » usés.

CIRCUIT INTERNATIONAL DE SHANGHAI

Longueur
5,451 km

Sens
HORAIRE

16 virages
7 à gauche,
9 à droite

Distance de la pole au 1er freinage
336 m

Pleine charge accélérateur
59% du tour

Changements de vitesse par tour
48

Énergie freinage
BASSE

Consommation
MOYENNE

Longueur zone des stands
383 m

Temps moyen pour un changement de pneus standard
24 secondes

GRAND PRIX DE MIAMI

Diffusion le **5 mai 2024 à 22 heures** sur **Canal+**

Course sprint le samedi

5 MAI 2024

À défaut de faire partie des tracés les plus palpitants de la saison, le circuit de Miami s'est imposé dès ses débuts en 2022 comme l'un des événements les plus glamours de la saison. Un véritable aimant à VIP, surtout avec la course sprint qui augmente encore le spectacle.

Durant plusieurs années, en réalité depuis le rachat en 2016 de FOM (Formula One Management) par le groupe américain Liberty Media, ce circuit de Miami apparaissait comme un serpent de mer. Le milieu américain de la F1 ne cessait d'en parler, de nombreux projets de tracés voyaient le jour pour aussitôt disparaître. Il fallut ainsi attendre 2021 pour viser enfin un objectif solide et un premier grand prix en 2022.

Les architectes du circuit ont été peu ou prou confrontés à la même situation que ceux qui ont construit le circuit de Sotchi pour feu le Grand Prix de Russie : passer sous les fourches caudines d'installations existantes. En l'occurrence, un stade géant, le Hard Rock Stadium – où se disputent les grands matchs de football américain et se produisent de nombreuses stars de la musique –, doté de parkings, et autres courts de tennis. Il en résulte un tracé que l'on pourrait qualifier d'abracadabrant, avec des protections très proches de la piste, une succession de virages, certes variés, mais qui s'apparentent à un gymkhana pour F1. Et pourtant, les moyennes sont impressionnantes : plus de 220 km/h en qualifications et plus de 210 km/h en course l'an passé.

Mais on est à Miami, ville cosmopolite par excellence. Le paddock, les alentours de la piste, les sites de réception, les parades (celle des pilotes notamment) offrent ce que les États-Unis proposent de plus « bling bling », stars de cinéma et du sport incluses.

EN 2023

Les spectateurs sont encore plus nombreux que l'année précédente : près de 300 000 sur l'ensemble du week-end. La Floride fait recette, mais elle est aussi célèbre pour ses tornades : de gros orages tombent dans la nuit qui précède la course et fragilisent la compréhension des pneus. En pole position, Pérez démarre en gommes « medium » tandis que son équipier Verstappen utilise des gommes dures. Le champion du monde est seulement 9e sur la grille, gêné par un drapeau rouge déployé peu avant la fin des qualifications car Leclerc a envoyé sa Ferrari dans le mur. Max n'a pas pu repartir. C'est là que la course du lendemain s'est décidée. Campée sur ses pneus durs, la Red Bull de Verstappen ne va cesser de remonter vers Pérez, dont les gommes ne vont pas résister. Nouveau doublé des Red Bull, Max devant « Checo ». Toujours souriant, l'infatigable Alonso monte une nouvelle fois sur le podium : voilà quatre grands prix sur cinq depuis le début de la saison que le pilote Aston Martin est ainsi récompensé.

POLE POSITION
Pérez,
Red Bull-Honda, en 1'26"841 (moyenne 224,355 km/h)

PODIUM
1- VERSTAPPEN, Red Bull-Honda, les 57 tours en 1h27'38"241 (moyenne 211,092 km/h)
2- PÉREZ, Red Bull-Honda, à 5"384
3- ALONSO, Aston Martin-Mercedes, à 26"305

MEILLEUR TOUR
Verstappen, Red Bull-Honda, en 1'29"708 au 56e tour (moyenne 217,185 km/h)

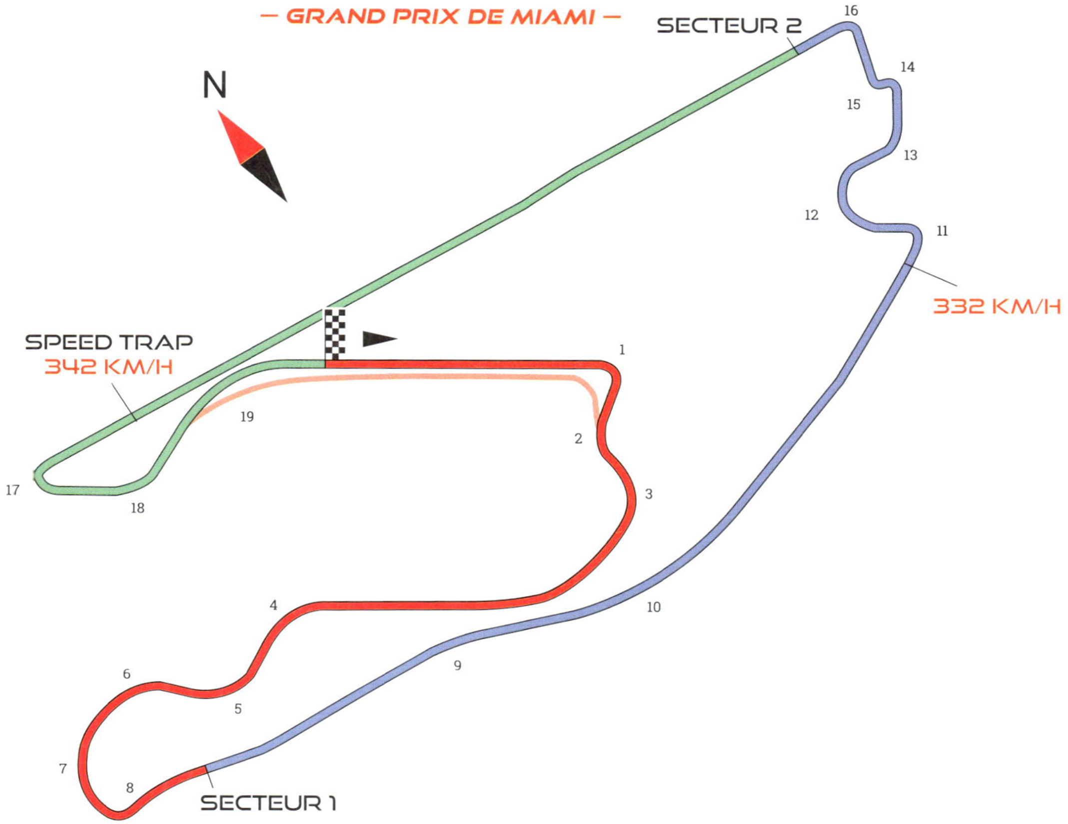

L'ŒIL DE L'INGÉNIEUR

L'adhérence en question

En 2022, les pilotes furent nombreux à se plaindre du revêtement de la piste : trop peu d'adhérence en dehors de la trajectoire ! La faute à la microrugosité extrêmement élevée de l'asphalte, composé d'un mélange inédit de calcaire local et de granite, et traité trop agressivement par jets d'eau à haute pression. Pour 2023, le revêtement fut renouvelé, la microrugosité réduite, mais le traitement sous-estimé. Résultat : une piste très évolutive et une augmentation du grip de 10 % du vendredi au samedi, uniquement sur la trajectoire. Causes différentes, problème inchangé ! Les virages gauches rapides 4, 6 et 7 sollicitent le pneu avant droit avec un pic de température au 8, mais contrastent avec la partie très sinueuse du 11 au 16 dans laquelle Verstappen fit toute la différence en course. Pilotes et ingénieurs doivent trouver au fil des tours le pneu limitant, notamment en fonction des conditions de piste (60 °C le vendredi en 2022, 35 °C en course en 2023). En « medium » l'an passé, ce fut l'avant droit pour Pérez et Leclerc, mais l'intérieur de l'arrière gauche pour Alonso.

AUTODROME INTERNATIONAL DE MIAMI

Longueur
5,412 km

Sens
ANTI-HORAIRE

19 virages
12 à gauche,
7 à droite

Distance de la pole au 1er freinage
162 m

Pleine charge accélérateur
54% du tour

Changements de vitesse par tour
46

Énergie freinage
MOYENNE

Consommation
MOYENNE

Longueur zone des stands
375 m

Temps moyen pour un changement de pneus standard
20 secondes

GRAND PRIX D'ÉMILIE-ROMAGNE

19 MAI 2024

Annulée l'an dernier pour cause d'inondations, l'épreuve italienne effectue son retour sur le circuit d'Imola, théâtre de l'accident qui a coûté la vie à Ayrton Senna il y a trente ans, et ouvre la saison européenne.

Diffusion le **19 mai 2024 à 15 heures** sur **Canal+**

Imola, un circuit, un nom, un mausolée dans la grande histoire de la F1. Il accueillit en son temps le Grand Prix de Saint-Marin, le micro-État à 100 kilomètres de distance. Baptisé à l'origine « Autodromo Dino Ferrari », il reçut l'appellation « Enzo e Dino Ferrari » à la mort de « l'Ingegnere ». Imola accueillit également un unique Grand Prix d'Italie en 1980, à la demande d'Enzo Ferrari qui voulait voir la célèbre course nationale au moins une fois sur ce circuit. Imola reçut la F1 jusqu'en 2006. Mais, depuis 1994, personne n'oublie le funeste week-end de cette année-là, et personne ne l'ignore encore aujourd'hui : 29 avril, accident géant de Barrichello, dont il se remet ; 30 avril, accident mortel de Roland Ratzenberger pendant les qualifications ; 1er mai, disparition de l'archange Ayrton Senna au début de la course. En revenant en 2020, le monde de la F1 y pensait encore, mais les jeunes pilotes apprécièrent aussi cette piste tracée en ville, l'accueil des habitants, le décor. Après les accidents de 1994, le circuit a été ralenti : le sinistre Tamburello a été coupé en trois virages (2, 3, 4) et la courbe Tosa en 2 (5, 6). Mais la montée vers Piratella (9), la ressource d'Acque Minerale (11, 12, 13) de même que le double gauche de Rivazza (17, 18) conservent un charme certain.

EN 2022

Après le dernier GP de Saint-Marin en 2006, le retour des F1 à Imola a été plutôt haché. Pour sauver le calendrier des grands prix de la pandémie, la province d'Émilie-Romagne décide d'apporter son concours en finançant tout ou partie de la course en 2020. De même en 2021, mais durant ces deux épreuves, le public n'est pas admis. Bien triste pour les tifosi ! Excepté pour ceux dont les appartements et les balcons jouxtent le circuit. 2020, victoire d'Hamilton ; 2021, victoire de Verstappen, on n'est pas dans l'inconnu. En 2022, la pluie vient quelque peu brouiller les cartes avant le départ, le haut de la grille ayant été déterminé par la course sprint du samedi : dans l'ordre, Vertappen-Leclerc-Pérez-Sainz. Sainz est dehors dès le 1er tour et Leclerc ne va cesser de reculer, Pérez revient en 2e position et Norris complète le podium. Revanche des Ferrari en 2023 ? Hélas, le GP n'aura pas lieu, Imola est sous l'eau, même le Santerno qui borde le circuit a débordé.

POLE POSITION
Verstappen,
Red Bull-Honda, en 1'27"999
(moyenne 200,825 km/h)

PODIUM
1- VERSTAPPEN, Red Bull-Honda, les 63 tours en 1h32'07"986 (moyenne 201,263)
2- PÉREZ, Red Bull-Honda, à 16"727
3- NORRIS, McLaren-Mercedes, à 34"834

MEILLEUR TOUR
Verstappen, Red Bull-Honda, en 1'18"446 au 55e tour
(moyenne 225,281 km/h)

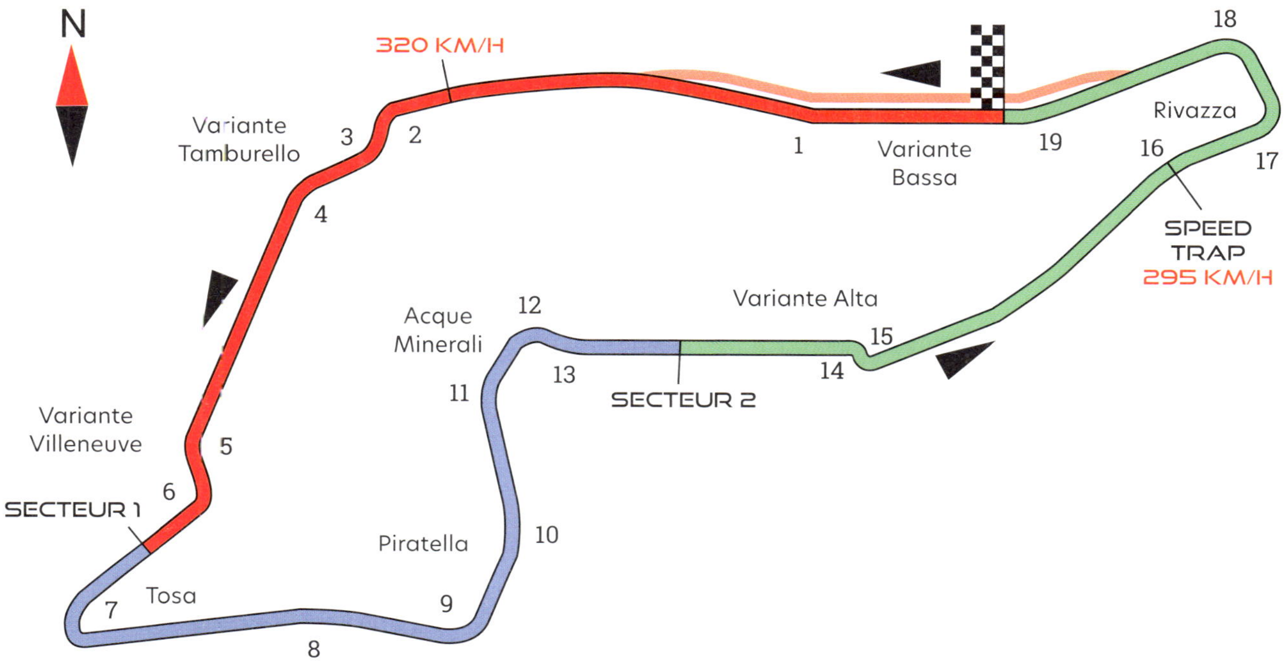

L'ŒIL DE L'INGÉNIEUR

Pneus tendres

Il s'agit ici de trouver un compromis entre trois éléments antagonistes à certains égards : l'agilité nécessaire pour les changements de direction (enchaînements 2-4, 5-6, 14-15) ; la stabilité du train arrière pour les rapides comme le 9 ; la flexibilité requise sur les vibreurs iconiques qu'il faut pouvoir emprunter généreusement. Un arrêt aux stands coûte environ 28 secondes sur ce circuit, l'un des plus pénalisants avec Singapour. Aussi, pour éviter une course trop fermée en termes de stratégie, Pirelli décide en 2023 d'apporter sa gamme la plus tendre (C3-C4-C5). Il est vrai qu'en 2022, le C4 (le tendre cette année-là) permettait de tenir les 21 tours de la course sprint, à condition de gérer l'avant droit qui s'avérait limitant à la grande surprise de Leclerc, dépassé par Verstappen à 2 tours de l'arrivée. En course, après un départ en intermédiaires sur piste humide (en 2e vitesse pour beaucoup), la majorité des pilotes faisaient durer le C3 (« medium ») durant 44 tours en gérant notamment leur niveau d'attaque dans les gauches rapides 5 et 9, mais aussi leurs métriques de traction à la sortie du 7.

AUTODROMO ENZO E DINO FERRARI

Longueur
4,909 km

Sens
ANTI-HORAIRE

19 virages
10 à gauche,
9 à droite

Distance de la pole au 1er freinage
605 m

Pleine charge accélérateur
73% du tour

Changements de vitesse par tour
40

Énergie freinage
MOYENNE

Consommation
MOYENNE

Longueur zone des stands
529 m

Temps moyen pour un changement de pneus standard
29,5 secondes

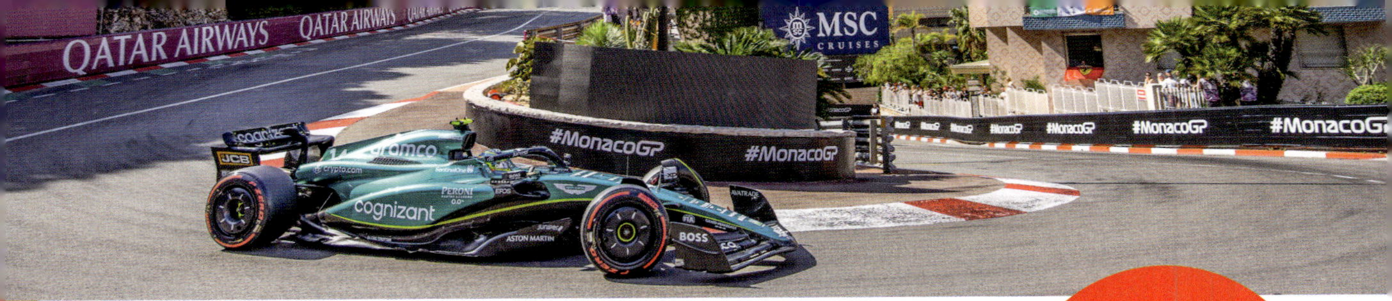

GRAND PRIX DE MONACO

Diffusion le **26 mai 2024 à 15 heures** sur **Canal+**

26 MAI 2024

Épreuve la plus prestigieuse du calendrier, le Grand Prix de Monaco est celui dont rêvent tous les pilotes et constructeurs. Peu propice aux dépassements, il constitue l'un des défis les plus difficiles de la saison.

Vénérable « circuit dans la ville », le Grand Prix de Monaco existe depuis 1929. Au fil des ans, il a reçu des modifications, mais le dessin initial reste fondamentalement le même, presque cent ans plus tard. Après Silverstone, il a accueilli le deuxième grand prix de l'histoire du championnat du monde, le 21 mai 1950. Ce ruban de rues à travers Monte-Carlo reste diabolique puisqu'il consiste à monter et à dévaler une piste étroite entre des rails de sécurité si proches que, souvent, les pilotes les tutoient. La sanction est bien souvent immédiate. Les amateurs de hautes vitesses ne l'apprécient pas trop, mais les artistes du volant l'adorent. Aujourd'hui encore, il reste le plus court des circuits de F1 avec ses 3,337 km. Très longtemps, il a conservé une spécificité « glamour » unique avec ses luxueuses qualités d'accueil, ses palaces et la Méditerranée à deux pas de la piste. Aujourd'hui, cependant, les « circuits urbains » occupent une bonne place dans le calendrier : Miami, Djeddah, Bakou, Singapour ou Las Vegas, de nuit pour certains. Très chouchouté il y a quelques années, Monaco fait donc face à une concurrence rude. Mais la plupart des difficultés de la piste restent des « must » de la F1 : Sainte-Dévote, le Casino, l'Épingle de l'ancienne gare, le Tunnel, le Tabac ou encore la Piscine.

EN 2023

Monaco ouvre la saison européenne. Les statistiques montrent que si la pole position ne se transforme pas systématiquement en victoire, dans bien des cas cependant, elle la favorise. C'est la raison pour laquelle la conquête de la pole est une course dans la course, et le public attend beaucoup des superstars. Alonso et Leclerc brillent tour à tour dans cet exercice de la performance pure, et on ne mise plus trop sur Verstappen. Surtout que, dans les deux premiers secteurs de son ultime tentative, il se montre moins rapide que ses deux rivaux. Mais il confiera aux médias qu'ayant vu que plusieurs pilotes s'amélioraient dans le dernier secteur, la sortie du Tabac et la terrible Piscine, il avait pris tous les risques, en flirtant avec le rail. Résultat magistral, que l'orage durant la course le lendemain ne ternira pas. Verstappen roule en solitaire vers une victoire exceptionnelle devant Alonso et Ocon, les trois hommes signant à leur manière un très bel exploit personnel.

POLE POSITION
Verstappen,
Red Bull-Honda, en 1'11"365
(moyenne 168,335 km/h)

PODIUM
1- VERSTAPPEN, Red Bull-Honda, les 78 tours en 1h48'51"980
(moyenne 143,453 km/h)
2- ALONSO, Aston Martin-Mercedes, à 27"921
3- OCON, Alpine-Renault, à 36"990

MEILLEUR TOUR
Hamilton, Mercedes,
en 1'15"650 au 33e tour
(moyenne 158, 800 km/h)

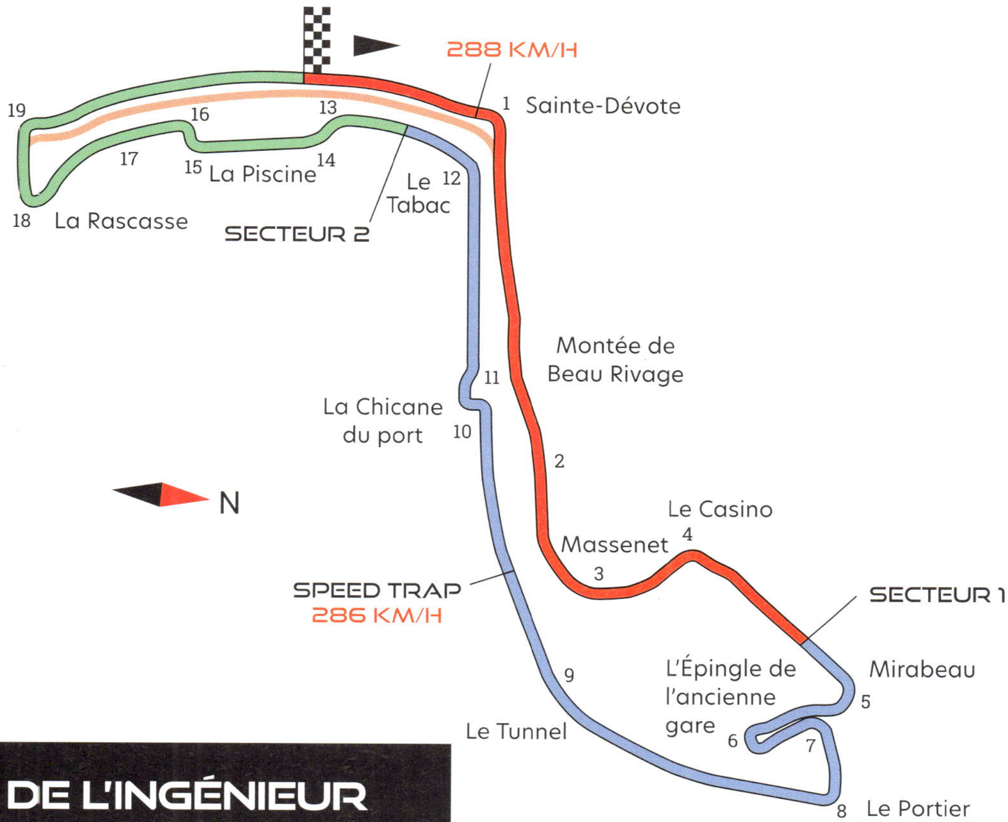

L'ŒIL DE L'INGÉNIEUR

Travailler les qualifications

La préparation des équipes y est davantage orientée vers les qualifications : un spectacle époustouflant au cours duquel seuls quelques millimètres séparent les F1 des barrières de protection! Le niveau de confiance des pilotes est un facteur crucial : ils doivent disposer de temps de piste pour élever graduellement leur niveau d'attaque et s'adapter à une piste extrêmement évolutive. À défaut d'être physiquement exigeant, ce circuit est mentalement épuisant. Les faibles charges latérales et l'asphalte très peu abrasif peuvent imposer, comme en 2023, un tour de préparation supplémentaire pour mettre le pneu en température. Les réglages de hauteur de caisse et de suspensions doivent permettre d'éviter le « bottoming » et offrir suffisamment de souplesse, sans pour autant compromettre la plateforme aérodynamique. Une crémaillère de direction spécifique est apportée pour le virage 6, les pilotes y braquent le volant à près de 270° avec des techniques manuelles parfois très différentes. En course, le graining est fréquent, le facteur limitant se situant à l'arrière gauche en 2023. Mais les éditions de 2018 et 2019 nous le rappellent : à Monaco, c'est la position en piste qui est primordiale.

CIRCUIT DE MONACO

Longueur
3,307 km

Sens
HORAIRE

19 virages
8 à gauche, 11 à droite

Distance de la pole au 1er freinage
119 m

Pleine charge accélérateur
38% du tour

Changements de vitesse par tour
50

Énergie freinage
MOYENNE

Consommation
BASSE

Longueur zone des stands
324 m

Temps moyen pour un changement de pneus standard
19 secondes

GRAND PRIX DU CANADA

Diffusion le **9 juin 2024 à 20 heures** sur **Canal+**

9 JUIN 2024

Tout comme celui de Melbourne, le circuit de Montréal offre un cadre et une ambiance très appréciés par le petit monde de la F1. Le premier virage est souvent le théâtre d'accrochages spectaculaires...

Le deuxième rendez-vous de la saison en Amérique du Nord pour la F1 après Miami. Un circuit très prisé car Montréal, c'est avant tout une ambiance. La métropole canadienne accueille la course avec ferveur et bien que le circuit soit installé sur une île au milieu du majestueux fleuve Saint-Laurent, l'accès pour le public est facilité par le métro : il faut quelques stations seulement pour rejoindre la piste et les tribunes. Globalement, le circuit se compose de deux zones distinctes, raccordées par deux épingles à chaque bout. À partir des stands et de l'épingle de l'île s'enchaînent plusieurs virages coupés par des chicanes rapides. Le retour vers les stands, à partir de l'Épingle du Casino, est constitué de deux longues lignes à fond d'accélérateur, séparées par une chicane extrêmement serrée, bordée par un mur très, très proche. Très haute vitesse et énorme freinage : à l'origine était écrit sur ce mur, non sans humour, « Bienvenue au Québec ». Bien des pilotes, et non des moindres, y ont laissé leurs rêves de victoire. En 2019, le circuit s'est doté – enfin ! – d'un nouveau bâtiment des stands pour remplacer les constructions quelque peu précaires et les box riquiqui. Aujourd'hui, par conséquent, le circuit fait tout à fait honneur à son nom, celui du légendaire Gilles Villeneuve.

EN 2023

Le site Statsf1.com note très justement que le seul pilote canadien engagé, Lance Stroll, ne mobilise pas les foules. C'est la réalité : il faut avouer que Lance est capable de bien faire au volant, mais trop rarement. Au sommet, il y a Max Verstappen qui, malgré les conditions piégeuses avec des averses consécutives, signe une nouvelle pole position. Sa Red Bull précède l'Aston Martin d'Alonso et la Mercedes d'Hamilton. Hülkenberg, 2e meilleur temps en qualifications, est pénalisé pour vitesse excessive sous drapeau rouge. Sainz, Tsunoda et Stroll sont rétrogradés pour avoir gêné des concurrents. Russell va animer la course, contre son gré : il tape assez violemment au 12e tour et doit ramener sa Mercedes en piteux état aux stands. Le temps de nettoyer tous les débris, la voiture de sécurité est déployée durant 5 tours au bout desquels Verstappen reprend sa marche, quasiment en solitaire, ni Alonso ni Hamilton ne peuvent le rattraper. Les Ferrari sont à 18 et 21".

POLE POSITION
Verstappen,
Red Bull-Honda, en 1'25"858 (moyenne 182,855 km/h)

PODIUM
1- VERSTAPPEN, Red Bull-Honda, les 70 tours en 1h33'58"348 (moyenne 194,910 km/h)
2- ALONSO, Aston Martin-Mercedes, à 9"570
3- HAMILTON, Mercedes, à 18"648

MEILLEUR TOUR
Pérez, Red Bull-Honda, en 1'14"481 au 70e tour (moyenne 210,787 km/h)

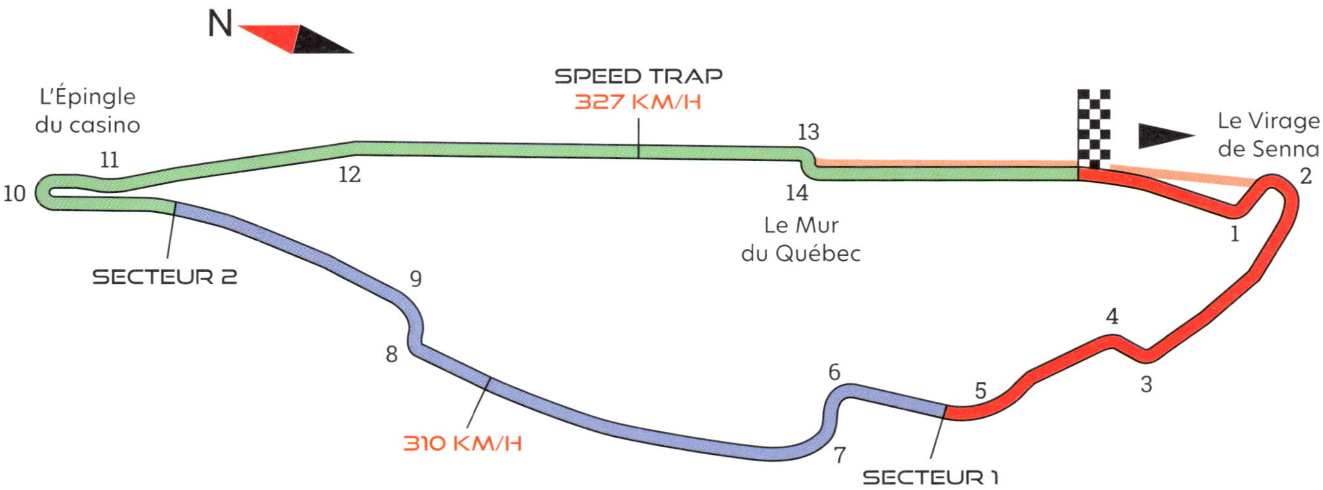

L'ŒIL DE L'INGÉNIEUR

Le LICO à contribution

Du fait des fortes quantités d'énergie mises en jeu au freinage - 6 zones où la décélération est supérieure à 4 g ! - et à la réaccélération, la partie hybride des blocs de propulsion y est très sollicitée. Le LICO est donc un outil souvent utilisé en course, non seulement pour contrôler les températures des freins et la consommation d'essence comme Alonso, en 2023, mais aussi pour maximiser les performances de l'ERS. En 2022, Mercedes demandait à ses pilotes un LICO de 50 m au virage 8 et de 100 m au 10 : la baisse des températures ainsi provoquée permettait un meilleur déploiement et évitait à Russell un « clipping » trop important. Contrairement aux charges longitudinales, les charges latérales sont plutôt faibles et, comme souvent sur les circuits urbains, le revêtement est peu abrasif. La dégradation thermique n'y est donc pas très importante, mais attention au graining du côté gauche, notamment aux virages 2 et 10. Un arrêt coûte moins de 19 s, le moins pénalisant avec Spa. L'allée des stands permet de court-circuiter les 13-14 en entrée et les 1-2 en sortie. Une stratégie à deux arrêts reste donc envisageable.

CIRCUIT GILLES-VILLENEUVE (MONTRÉAL)

Longueur
4,361 km

Sens
HORAIRE

14 virages
6 à gauche,
8 à droite

Distance de la pole au 1er freinage
163 m

Pleine charge accélérateur
69 % du tour

Changements de vitesse par tour
50

Énergie freinage
HAUTE

Consommation
HAUTE

Longueur zone des stands
405 m

Temps moyen pour un changement de pneus standard
18,5 secondes

GRAND PRIX D'ESPAGNE

Diffus on le **23 juin 2024 à 15 heures** sur **Canal+**

23 JUIN 2024

Avant de migrer vers Madrid en 2026, le Grand Prix d'Espagne reste fidèle à Barcelone, sur un circuit que les équipes connaissent par cœur pour y avoir effectué de nombreux essais d'avant-saison. Malheureusement, les courses n'y sont pas toujours passionnantes...

L'Espagne apprécie la F1 : plus d'une cinquantaine d'épreuves ont été disputées dans la péninsule Ibérique. Barcelone demeure la ville la plus fidèle aux grands prix : Pedralbes, le parc de Montjuïc et le circuit Barcelone-Catalogne à Montmeló au lancement des travaux pour les JO de 1992. En 1991, il fallait réussir un jeu de piste pour accéder au circuit, mais l'année suivante, les infrastructures facilitent les accès. Tout en conservant l'esprit de son dessin initial, la piste a subi plusieurs petites modifications. Elle favorise l'appui aérodynamique malgré la longue ligne droite des stands car les 14 virages qui suivent offrent des profils très différents. Ils varient de la chicane rapide aux grandes courbes en dévers et aux épingles. La modification la plus récente (2023) consistait à supprimer la chicane entre les virages 13 et 14. Ainsi, cette grande courbe 14 devient à nouveau extrêmement rapide, avec assez peu de dégagements en sortie. La configuration multi-virages de Barcelone lui confère toutes les qualités d'une excellente piste d'essais. Les nouvelles F1 ont d'ailleurs longtemps été testées là-bas avant le début de saison. Aussi, pilotes et techniciens connaissent chaque pouce du circuit. Ils sont si bien préparés qu'il y a souvent assez peu de surprises dans les résultats de la course.

EN 2023

Faut-il rappeler que Max Verstappen a remporté sur ce circuit la première victoire de sa carrière en 2016 ? Il disputait alors son premier grand prix pour Red Bull, après avoir été exfiltré de l'écurie Toro Rosso, sœur cadette de Red Bull. Certes, il avait bénéficié de l'auto-élimination des deux Mercedes de Rosberg et d'Hamilton dès les premiers mètres. Mais il avait démontré une maestria inimaginable pour ses 18 ans. Pas étonnant qu'il apprécie Barcelone, et il va le démontrer en obtenant une pole position qui laisse son suivant immédiat, Sainz (Ferrari), à près d'une demi-seconde. Comme à Monaco, et quelque peu déboussolé, Pérez, l'équipier de Max, sort de la piste en qualifications et ne fait pas mieux que 11e sur la grille. Verstappen domine la course de bout en bout, laissant à l'arrivée ses adversaires Hamilton et Russell à 24 et 32" respectivement. Son avance était telle que, lors de son changement de pneus, il n'a jamais été inquiété et il s'octroie le meilleur tour en course.

POLE POSITION
Verstappen,
Red Bull-Honda, en 1'12"272
(moyenne 231,974 km/h)

PODIUM
1- VERSTAPPEN, Red Bull-Honda, les 66 tours en 1h27'57"940
(moyenne 209,561 km/h)
2- HAMILTON, Mercedes, à 24"090
3- RUSSELL, Mercedes, à 32"389

MEILLEUR TOUR
Verstappen, Red Bull-Honda, en 1'216"330 au 61e tour
(moyenne 219,641 km/h)

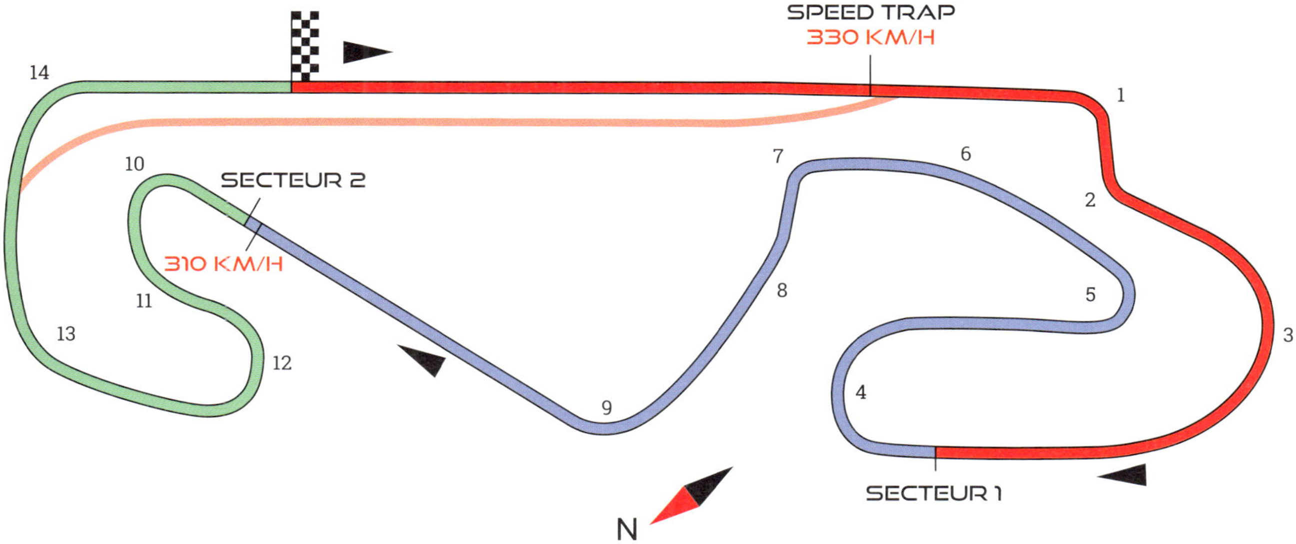

L'ŒIL DE L'INGÉNIEUR

L'aérodynamique décisif

Un circuit référence qui sanctionnera la moindre carence de la plateforme aérodynamique. La suppression de la chicane (2023) « poussait à plus d'efficacité », indiquait Tom McCullough, ingénieur F1, « mais par rapport au niveau d'appui maximum, nous ne sommes descendus que d'un demi-cran » [aileron type Monaco mais sans le « flap Gurney »]. Confirmation en piste : l'aileron arrière « moyenne charge » testé le vendredi par Hamilton s'avérait trop pénalisant dans les virages (-15 km/h dans le rapide 14, +0,4 s dans les lents 5, 10 et 12) et pour la dégradation des pneumatiques. Avant de céder à la tentation d'abaisser la hauteur de caisse (Russell, qualifications 2023), pilotes et ingénieurs garderont en tête que l'entrée du 14 (mais aussi celle du 10) est désormais propice au déclenchement de rebonds. Le contraste entre les droites très rapides 3, 9 et 14 et les gauches lents (5, 6, 10) peut encourager une certaine asymétrie du refroidissement (Ferrari, 2023) et du carrossage. La dégradation des pneus y est très importante, notamment à l'avant gauche. L'undercut est puissant, mais gare aux arrêts trop précoces : les dépassements restent possibles et la position en piste n'est donc pas une priorité absolue.

CIRCUIT DE BARCELONA-CATALUNYA

Longueur
4,657 km

Sens
HORAIRE

14 virages
6 à gauche,
8 à droite

Distance de la pole au 1er freinage
613 m

Pleine charge accélérateur
62% du tour

Changements de vitesse par tour
40

Énergie freinage
MOYENNE

Consommation
HAUTE

Longueur zone des stands
367 m

Temps moyen pour un changement de pneus standard
23 secondes

GRAND PRIX D'AUTRICHE

Diffusion le **30 juin 2024 à 15 heures** sur **Canal+**

Course sprint le samedi

30 JUIN 2024

Tracé dans les montagnes tyroliennes, le circuit appartenant à Red Bull présente un profil unique tout en relief qui donne lieu à des courses souvent disputées, d'où l'organisation d'une course sprint cette année.

Jusqu'en 1987, la F1 avait rendez-vous sur l'Österreichring, communément surnommé « Zeltweg », du nom de la base aérienne voisine sur laquelle fut disputé le tout premier GP d'Autriche en 1964. Zeltweg, sur le flanc des montagnes de Styrie, était un circuit terrifiant, constitué de grandes courbes. Il fut abandonné et sur ces vestiges, entre autres les virages 5, 6 et 7, a été construit le A1Ring devenu le Red Bull-Ring, sur la commune de Spielberg. Cette nouvelle piste, adoptée en 1997, est en réalité un toboggan où trois virages sont réellement importants. Le n° 1 exige un freinage extrêmement rude. Le n° 3 est une épingle assez large où les dépassements sont fréquents et il commande une montée qui demande beaucoup au moteur. Après cette montée, des courbes très amples en descente puis en montée mènent au virage 9 et surtout au 10 : un vrai piège. En effet, il tourne en dévers prononcé vers la ligne de chronométrage et la 3e zone de DRS. La cadence au tour dépasse à peine la minute (Bottas, pole position sur Mercedes, 1'02"9 en 2020, à 246 km/h). Autrement dit, le grand prix est généralement très animé. La F1 doit être reconnaissante à Spielberg qui accepta, en pleine pandémie et confinement, d'organiser les deux premiers GP de la saison 2020, celui d'Autriche, et une semaine plus tard celui de Styrie.

EN 2023

Ce grand prix, le 9e de la saison, fut celui des tracasseries administratives. En effet, après de nombreux avertissements aux pilotes pour franchissement des limites de piste, les commissaires durent s'astreindre à donner des pénalités à tout pilote ayant franchi ces limites : temps annulés, convocations devant les commissaires, etc. Pour comprendre ce problème, il faut savoir que Spielberg accueille aussi le Grand Prix MotoGP et il faut beaucoup de dégagement pour les motards en cas de chute. Impossible donc d'installer des rails de sécurité au plus près de la piste. Aussi, la FIA paie le prix de la tolérance zéro qu'elle exige pour les hors-piste. Or, il est de notoriété publique que les pilotes ont tendance à franchir les limites, pour trouver une meilleure trajectoire, notamment une sortie de virage plus rapide, ou bien simplement réduire le risque de tête-à-queue. Verstappen et Leclerc se battent pour la victoire, mais c'est une fois encore le Néerlandais qui gagne.

SPRINT
1. Verstappen, Red Bull-Honda ;
2. Pérez, Red Bull-Honda ;
3. Sainz, Ferrari

POLE POSITION
Verstappen,
Red Bull-Honda, en 1'04"391 (moyenne 241,412 km/h)

PODIUM
1- VERSTAPPEN, Red Bull-Honda, les 71 tours en 1h25'33"607 (moyenne 214,903 km/h)
2- LECLERC, Ferrari, à 5"155
3- PÉREZ, Red Bull-Honda, à 17"188

MEILLEUR TOUR
Verstappen, Red Bull-Honda, en 1'07"012 au 71e tour (moyenne 231,970 km/h)

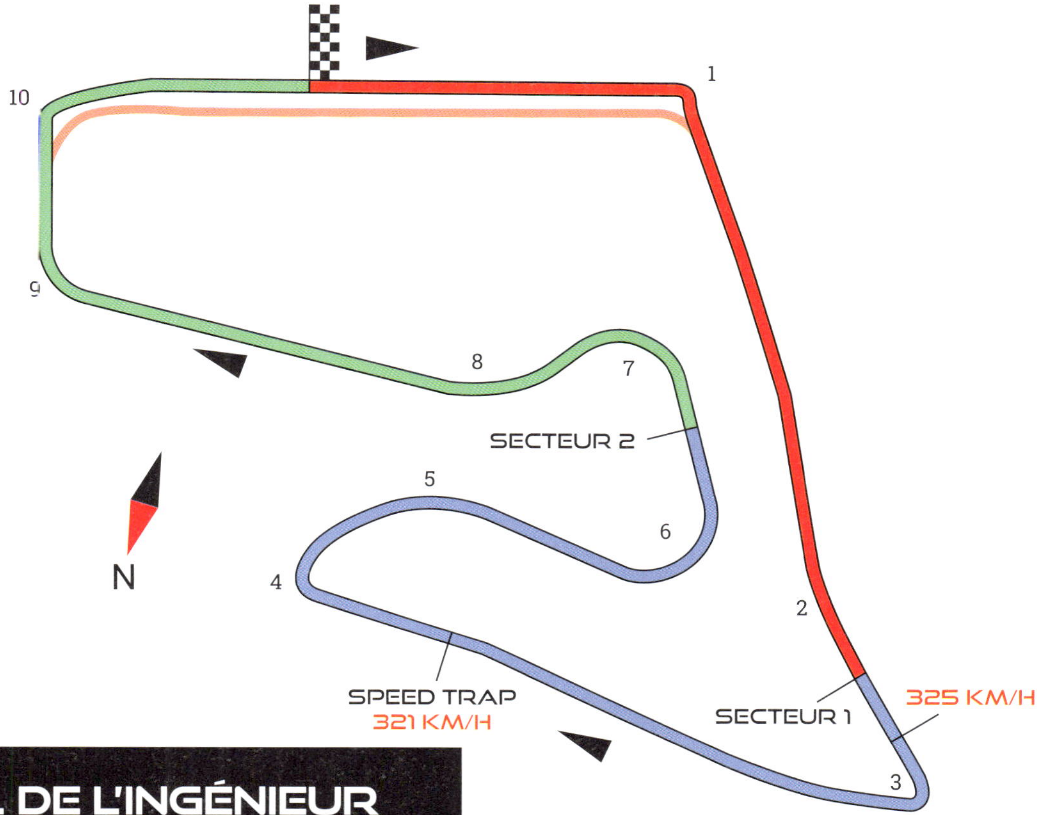

L'ŒIL DE L'INGÉNIEUR

Le choix des trajectoires

Sur le circuit le plus court du calendrier en termes de chronomètre, la gestion du trafic nécessite une attention particulière, notamment en Q1. Plusieurs trajectoires sont possibles pour le virage 3. En 2023, la majorité des pilotes venaient chercher le vibreur intérieur - la topographie permettant de limiter le patinage de l'arrière droit en sortie -, mais certains comme Alonso persistaient à l'extérieur en entrée (« ligne Leclerc », pole 2019). Il est fréquent d'observer les pilotes déplacer l'équilibre des freins (bouton « BBal ») vers l'avant pour la montée du 3, avant de le ramener vers l'arrière pour la descente du 4 pour lequel il est très facile de bloquer l'avant. Les réglages nécessitent un difficile compromis convenant à la fois aux lents (3 et 4) et aux rapides (6 à 10). C'est aussi l'un des circuits les plus difficiles pour les suspensions : les vibreurs (notamment la « saucisse » à l'extérieur du 1) ont occasionné par le passé de nombreux dégâts directs et indirects (Mercedes, 2020). Pour ce qui est des limites de piste, la FIA travaille sur une solution utilisant l'intelligence artificielle pour faciliter le travail des commissaires, avec une réduction des faux positifs à analyser.

CIRCUIT DE SPIELBERG

Longueur
4,318 km

Sens
HORAIRE

10 virages
3 à gauche,
7 à droite

Distance de la pole au 1er freinage
246 m

Pleine charge accélérateur
69% du tour

Changements de vitesse par tour
32

Énergie freinage
MOYENNE

Consommation
MOYENNE

Longueur zone des stands
359 m

Temps moyen pour un changement de pneus standard
20 secondes

GRAND PRIX DE GRANDE-BRETAGNE

7 JUILLET 2024

Course à domicile pour la plupart des équipes - et encore plus pour Aston Martin dont l'usine jouxte le circuit -, le Grand Prix de Grande-Bretagne est un rendez-vous à part qui fait la part belle à la vitesse.

Diffusion le **7 juillet 2024 à 16 heures** sur **Canal+**

À Silverstone s'est déroulé le premier grand prix du premier championnat du monde en 1950, le 13 mai. Il s'agissait de courir sur un ruban d'asphalte très rapide, entourant un terrain d'aviation, et constitué de huit virages à plat très ouverts. Dans les années 1970, les petits avions de tourisme s'y posaient encore au moment de l'interruption des essais. Le très sélect British Racing Drivers Club, qui préside aux destinées sportives du circuit, a choisi la voie de la pérennité en le faisant évoluer constamment : plus sélectif, meilleure vision pour les spectateurs, bon accueil des pilotes, c'est la règle. La F1 reste très appréciée outre-Manche, il n'est pas rare de voir le Premier ministre, et même la Couronne, se préoccuper du sort de Silverstone. Le circuit est installé dans la verdoyante et plate campagne britannique, les embouteillages restent monstrueux sur les routes d'accès et dans les parkings, surtout s'il pleut. La pluie « tombe à l'horizontale » tant le vent peut souffler. De 8 virages en 1950, le circuit en compte 18 dans sa dernière version, celle de 2011. Le dessin de certaines courbes à plat, les plus célèbres étant Maggots-Becketts-Chapel, 10-11-12-13-14, est repris par de nouveaux circuits tant elles sont impressionnantes.

EN 2023

Toujours le même engouement pour le British Grand Prix, puisque sur les quatre journées du programme, on recense près de 500 000 spectateurs. Les amateurs connaissent cet incontournable rendez-vous. Dans les stands apparaît une très discrète équipe de professionnels du cinéma qui vient suivre un nouveau pilote de F1, Sonny Hayes, arrivant en droite ligne des États-Unis. Curieusement, ce pilote de l'équipe APXGP ressemble à s'y méprendre au très populaire acteur américain Brad Pitt. En fait, il s'agit des premiers tours de manivelle *in situ* du film que Brad Pitt tourne pour le grand écran.

Dans la routine des évolutions techniques, toujours nombreuses à Silverstone, les McLaren emportent la palme et cela se vérifiera au moment des qualifications où, derrière l'inexpugnable Verstappen, se placent Norris et Piastri. Et la foule gronde lorsqu'au départ Norris prend le meilleur sur Verstappen. Une embellie qui dure 4 tours. Puis Verstappen prend le large. *As usual.*

POLE POSITION
Verstappen,
Red Bull-Honda, en 1'26"720
(moyenne 244,553 km/h)

PODIUM
1- VERSTAPPEN, Red Bull-Honda, les 52 tours en 1h25'16"938
(moyenne 215,424 km/h)
2- NORRIS, McLaren-Mercedes à 3"798
3- HAMILTON, Mercedes, à 6"783

MEILLEUR TOUR
Verstappen, Red Bull-Honda, en 1'30"275 au 42e tour
(moyenne 234,922 km/h)

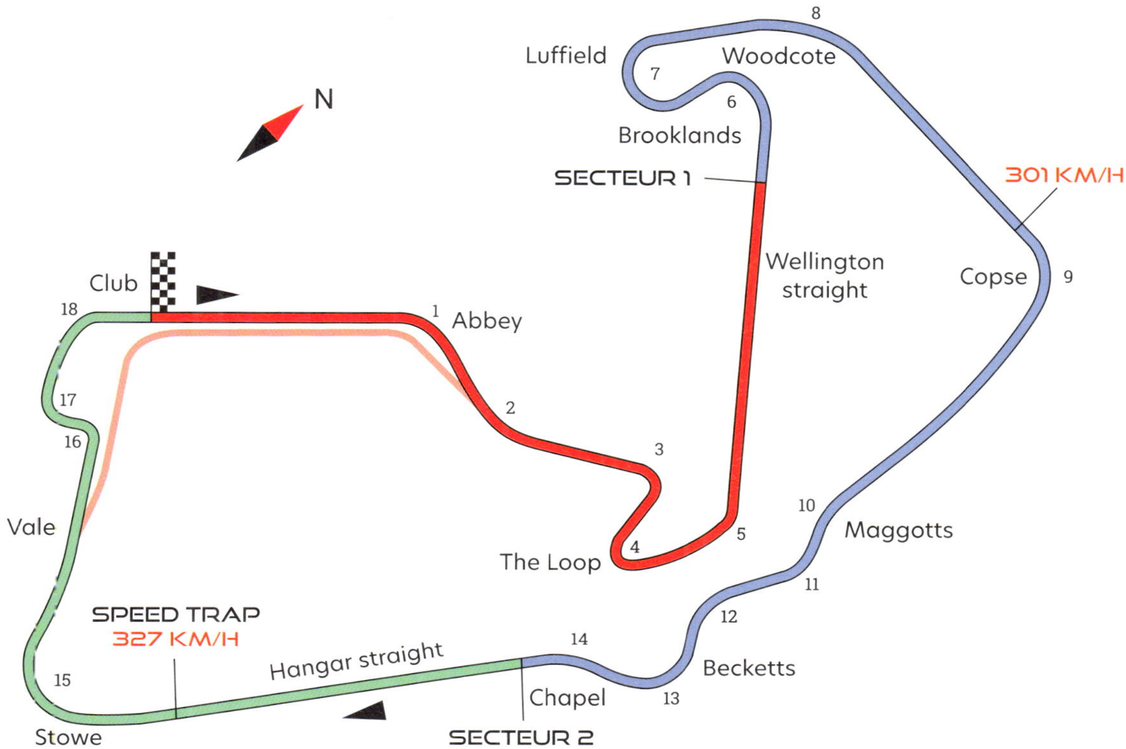

L'ŒIL DE L'INGÉNIEUR

Gérer l'aérodynamique

Un circuit à grande vitesse qui récompense l'efficacité aérodynamique. Les longues courbes nécessitent de l'appui, mais les portions pour lesquelles la traînée est un facteur limitant sont plus longues qu'à Barcelone. En 2023, les ailerons arrière étaient donc significativement plus déchargés que sur le circuit catalan. Les charges latérales sont parmi les plus élevées de la saison. Le pneu avant gauche est fortement sollicité, notamment dans les droites ultra-rapides 1, 9, 11, 13 et 15 qui font la renommée de Silverstone. Pour autant, l'équilibre doit aussi tenir compte des plus lents 3-4, 6-7 et 16-18 qui peuvent faire surchauffer les pneus arrière. En 2023, le contraste entre la MCL60 de Norris (très à l'aise dans les rapides) et la W14 de Hamilton (nouvel aileron avant favorisant les virages lents) était flagrant lors du dernier relais. Plusieurs trajectoires sont possibles dans certaines sections. Par exemple à Luffield (7), Hamilton se démarque en gardant une ligne plus extérieure. L'emplacement du circuit favorise les rafales de vent qui viennent perturber l'équilibre de monoplaces déjà très sensibles d'un point de vue aérodynamique. Il est donc fréquent d'entendre ingénieurs et pilotes échanger à ce sujet.

CIRCUIT DE SILVERSTONE

Longueur
5,891 km

Sens
HORAIRE

18 virages
8 à gauche,
10 à droite

Distance de la pole au 1er freinage
239 m

Pleine charge accélérateur
72% du tour

Changements de vitesse par tour
37

Énergie freinage
BASSE

Consommation
BASSE

Longueur zone des stands
509 m

Temps moyen pour un changement de pneus standard
20 secondes

GRAND PRIX DE HONGRIE

Diffusion le **21 juillet 2024 à 15 heures** sur **Canal+**

21 JUILLET 2024

Circuit assez tourmenté, le Hungaroring n'est pas vraiment taillé pour faciliter les dépassements. Il tient pourtant fidèlement sa place au calendrier malgré sa vitesse moyenne assez basse.

Depuis la mise en service du Hungaroring en 1986, la F1 ne manque jamais ce rendez-vous. Il fait partie du paysage des grands prix, un paysage plutôt apprécié, car Budapest, la capitale de la Hongrie, n'est pas loin, à une vingtaine de kilomètres seulement, et le paddock y a ses habitudes. De plus, ce grand prix est souvent le dernier avant les vacances de la F1 au mois d'août. Les courses y sont soit d'un ennui lancinant, soit très animées, notamment au cœur du peloton.
Depuis sa création, le tracé a connu deux modifications car il offrait à l'origine le profil d'un véritable tourniquet avec pas moins de 18 virages. Quelques-uns d'entre eux ont été gommés pour accélérer la cadence. Les virages décisifs ou piégeux sont peu nombreux. Le premier, numéroté 1 et 1A, suit la longue ligne droite des stands : il constitue pratiquement le seul endroit où les dépassements sont possibles, mais non sans risque, car sa sortie vers le 1A amorce un léger dévers. Des dépassements sont également possibles dans le 2, mais encore plus piégeux, pour deux raisons : c'est une courbe en descente et le moindre souffle de vent y apporte du sable. Enfin, le 14 n'est pas négligeable : il commande la mise en vitesse de la ligne droite des stands.

EN 2023

La course enregistre un changement parmi les pilotes. Avant le début de cette saison 2023, le Néerlandais Nyck de Vries avait fait une apparition unique sur une grille au GP d'Italie 2022 où il ne s'était pas trop mal débrouillé. Il fut ainsi engagé à plein temps chez Alpha Tauri début 2023 en tant que pilote titulaire pour remplacer Pierre Gasly, parti chez Alpine. Un parcours très spécial que celui de de Vries. Remarqué en karting par Ron Dennis, il fait ses classes sous l'égide de McLaren, sans finalement trouver de volant en F1. Il en trouve un en FE (Électrique), avec un titre mondial. La première partie de sa saison 2023 en F1 est très décevante et il est écarté au profit de Ricciardo qui reprend du service. C'est en vérité la seule nouveauté de la course de Budapest qui voit un bel affrontement entre les McLaren de Norris et Piastri, la Red Bull de Pérez et la Mercedes de Hamilton, tout ce beau monde derrière… Verstappen, à plus d'une demi-minute.

POLE POSITION
Hamilton,
Mercedes, en 1'16"609
(moyenne 205,871 km/h)

PODIUM
1- VERSTAPPEN, Red Bull-Honda, les 70 tours en 1h38'08"634
(moyenne 186,457 km/h)
2- NORRIS, McLaren-Mercedes, à 33"731
3- PÉREZ, Red Bull-Honda, à 37"603

MEILLEUR TOUR
Verstappen, Red Bull-Honda
en 1'20"504 au 53e tour
(moyenne 195,910 km/h)

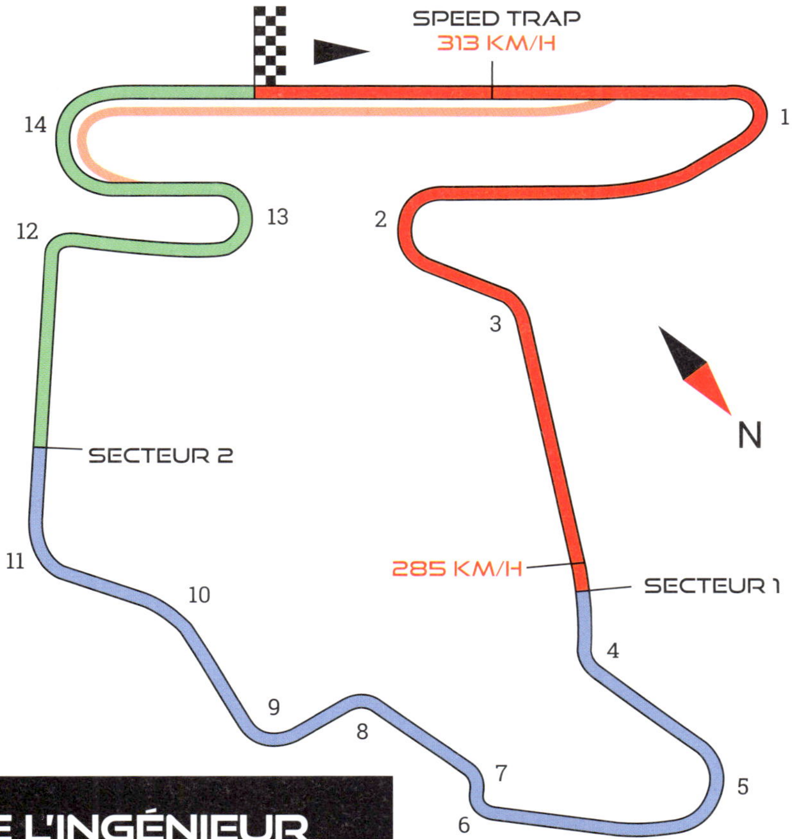

L'ŒIL DE L'INGÉNIEUR

Surveiller les températures

Un circuit sinueux pour lequel il faut un maximum d'appuis : la vitesse maximale en qualifications (310 km/h) est la 2e plus faible de la saison, après Monaco. Étant donné le temps réduit passé en ligne droite (moins de 20 secondes) et les vitesses basses, la quantité d'air disponible pour le refroidissement (bloc de propulsion, freins, etc.) est diminuée. Ce qui peut causer quelques problèmes en plein mois de juillet. En 2023, Mercedes s'était d'ailleurs trompée dans ses calculs, pour ses deux voitures. Dès le 3e tour, le volant de Russell s'illuminait en rouge : les températures du bloc de propulsion étaient trop élevées. Conséquence : Dudley lui imposait 100 m de LICO en amont des virages 1, 4, et 12. Les trajectoires aux virages 2 (pole Verstappen 2019 : extérieur; pole Hamilton 2020 : intérieur), 8-9, 13 et 14 peuvent être nuancées et il est fréquent d'entendre les ingénieurs «coacher» leur pilote en pleine course à ce propos. En 2022, Bonnington suggérait ainsi à Hamilton d'élargir au 2, tandis qu'Adami proposait à Sainz de viser davantage la corde au 13. Virages clés pour la gestion des pneus : 3, 5, 11, 14.

CIRCUIT DE BUDAPEST

Longueur
4,381 km

Sens
HORAIRE

14 virages
6 à gauche,
8 à droite

Distance de la pole au 1er freinage
444 m

Pleine charge accélérateur
48% du tour

Changements de vitesse par tour
56

Énergie freinage
MOYENNE

Consommation
BASSE

Longueur zone des stands
364 m

Temps moyen pour un changement de pneus standard
20 secondes

GRAND PRIX DE BELGIQUE

Diffusion le **28 juillet 2024 à 15 heures** sur **Canal+**

28 JUILLET 2024

Avec Suzuka, le circuit de Spa est l'un des préférés des pilotes. Il est malheureusement souvent perturbé par une météo capricieuse - seulement un tour disputé en 2021 ! Peut-être que cette programmation en juillet permettra d'éviter ce problème.

La Belgique tient sa place dans le calendrier juste derrière des géants de la F1 comme la Grande-Bretagne ou l'Italie. Il s'agit cette année de la 69e édition de cette épreuve qui, malgré quelques incursions à Zolder ou à Nivelles dans le passé, s'est installée définitivement à Spa-Francorchamps. Si le Hungaroring s'apparente à un tourniquet et Spielberg à un toboggan, Spa-Francorchamps demeure l'incontestable grand huit de la F1. En 1983, date du retour des grands prix à Spa, le circuit fut radicalement modifié et, tout en empruntant encore des routes normalement dédiées à la circulation, sa longueur fut ramenée de 14,1 km à 7,004 km. Mais la réussite des bâtisseurs fut d'avoir conservé son caractère spécifique à la piste : très vallonnée, en pleine forêt, façonnée par d'amples grandes courbes, par des secteurs très rapides, deux chicanes et une épingle. Pour les pilotes, Spa est un « must ». Si des circuits n'emportent pas l'adhésion de toutes les équipes, Spa demeure intouchable malgré ses difficultés d'exploitation : climat très pluvieux, accès problématiques, embouteillages. Pour le passionné, tous les virages ont leur légende, du plus délicat, le raidillon de l'Eau rouge (2, 3, 4), au plus technique, le Pouhon (10, 11), ou le plus rapide, Blanchimont (16, 17).

EN 2023

Ultime course avant les vacances d'été. Durant les essais, plusieurs décisions concernent le personnel de la F1. Alpine tout d'abord écarte trois personnages, et non des moindres : Otmar Szafnauer, Alan Permane et Pat Fry. Ce dernier, assez effacé, trouve aussitôt une place chez Williams, mais le paddock reste stupéfait : Szafnauer et Permane font partie du paysage de la F1 depuis de longues années. De fait, Bruno Famin prend les rênes de l'équipe des Bleus. Chez Ferrari, Diego Ioverno remplace Laurent Mekies, démissionnaire, au poste de directeur sportif. Le samedi se déroule une course sprint qui débute derrière la voiture de sécurité tant il a plu auparavant. Le dimanche donne un nouvel aperçu des capacités de Verstappen. Il est 6e sur la grille, pénalisé de 5 places pour un changement de boîte, il lui faut 12 tours pour revenir sur le duo Pérez-Leclerc, « Checo » ayant débordé Charles à l'aspiration dans la montée des Combes. C'est une huitième victoire consécutive pour Max.

SPRINT
1. Verstappen, Red Bull-Honda ;
2. Piastri, McLaren-Mercedes ;
3. Gasly, Alpine-Renault

POLE POSITION
Verstappen,
Red Bull-Honda, en 1'58"515
(moyenne 237,495 km/h)*

PODIUM
1- VERSTAPPEN, Red Bull-Honda, les 44 tours en 1h22'30"450
(moyenne 224,017 km/h)
2- PÉREZ, Red Bull-Honda, à 22"305
3- LECLERC, Ferrari, à 31"259

MEILLEUR TOUR
Hamilton, Mercedes,
en 1'47"305 au 44e tour
(moyenne 234,978 km/h)

*Pénalité de 5 places sur la grille : Leclerc, Ferrari, en pole

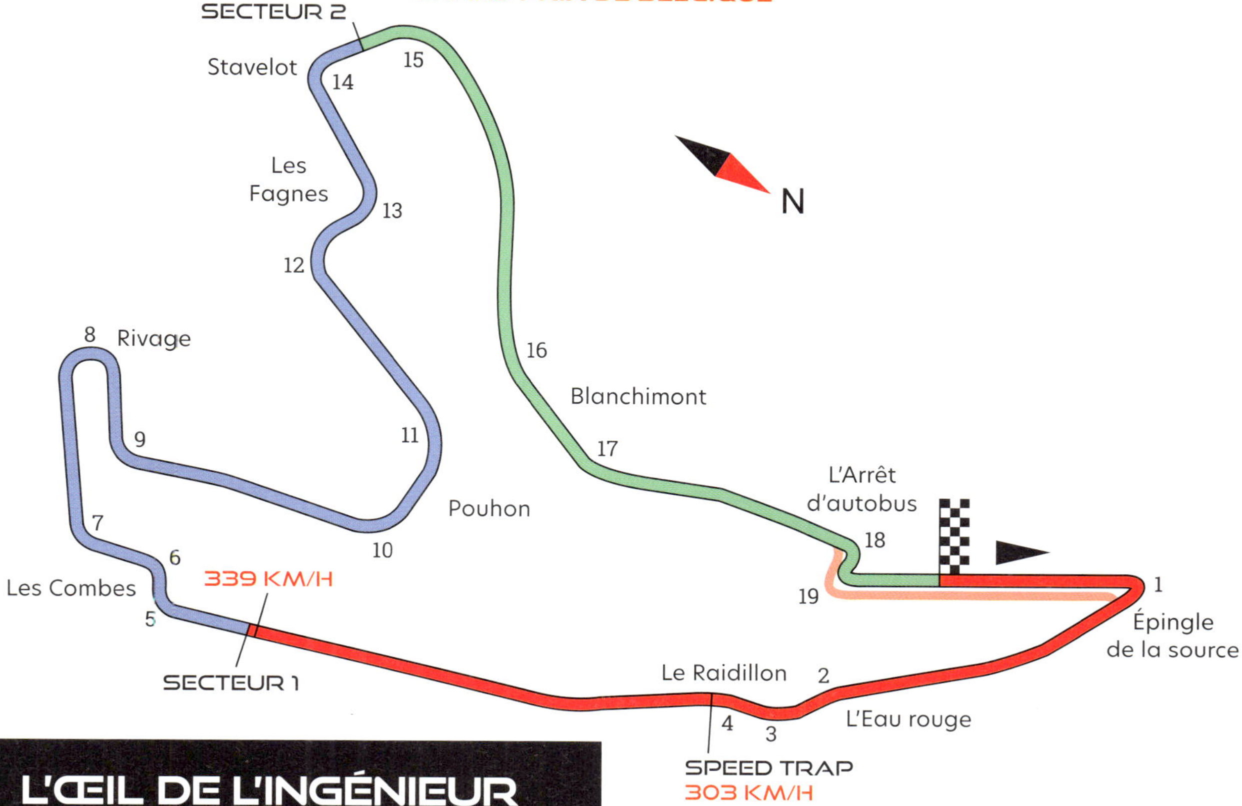

L'ŒIL DE L'INGÉNIEUR

Aileron crucial

Le choix de l'aileron arrière relève ici du dilemme - exemple de Button-Hamilton en 2012 chez McLaren avec des choix diamétralement opposés. En 2023 encore, des différences flagrantes entre équipiers (Mercedes, Haas, etc.) pouvaient être observées. Faute de temps, McLaren se présentait, quant à elle, avec l'aileron autour duquel le package introduit en Autriche fut optimisé mais trop chargé pour Spa ! Conséquence : Norris demandait un arrêt dès le tour 5 (!) pour exploiter ce surplus d'appuis dans le secteur 2 sans être gêné par le trafic. Mais le détail qui fit lever les sourcils des ingénieurs se trouvait dans la télémétrie des Red Bull. En course, Lambiase et Bird rappelaient sans cesse à leurs pilotes, à l'aide de messages codés (« Max, utilise ta tête ! ») qu'il leur fallait lever le pied dans l'Eau rouge. Déconcertant, car ils étaient les seuls à pratiquer la manœuvre : les quantités d'appuis générées sont telles que les 2-3-4 passent habituellement à fond, même pour les Haas avec le plein d'essence ! L'explication la plus fondée venait des hauteurs de caisse visiblement très basses chez Red Bull. La compression à l'Eau rouge était telle que, sans précautions supplémentaires, l'usure du patin risquait d'être supérieure aux limites autorisées.

CIRCUIT DE SPA-FRANCORCHAMPS

Longueur
7,004 km

Sens
HORAIRE

19 virages
10 à gauche, 9 à droite

Distance de la pole au 1er freinage
150 m

Pleine charge accélérateur
63% du tour

Changements de vitesse par tour
58

Énergie freinage
MOYENNE

Consommation
MOYENNE

Longueur zone des stands
386 m

Temps moyen pour un changement de pneus standard
18,5 secondes

GRAND PRIX DES PAYS-BAS

Diffusion le **25 août 2024 à 15 heures** sur **Canal+**

25 AOÛT 2024

Dessiné en bord de mer et caractérisé par un spectaculaire virage relevé, le circuit de Zandvoort est assez singulier. C'est surtout un temple dédié au dieu Max Verstappen !

Zandvoort, domaine des sables de la mer du Nord... Quand le vent souffle, attention à l'adhérence qui peut devenir précaire sur ce bitume installé dans les dunes. Pour son retour à la F1 en 2021 après trente-six ans d'absence, Zandvoort a été considérablement modifié. Le dessin original, dû à l'architecte John Hugenholtz à qui l'on doit aussi Suzuka ou Jarama, n'offrait que quatre grandes courbes et deux épingles. Aujourd'hui, Zandvoort est constitué de 14 virages. Avec une spécificité : des virages relevés, des « bankings » bien sentis, notamment le 3 et le 14, qui rendent la piste attractive, en tout cas mieux qu'une succession de virages qui en ferait un tourniquet. Comme souvent dans cette région située à une quarantaine de kilomètres d'Amsterdam, la pluie s'invite au festin et perturbe les mécaniques les mieux réglées. Il n'empêche : des dizaines de milliers de spectateurs se succèdent chaque année dans les tribunes pour encourager le « régional de l'étape », le champion du monde Max Verstappen. On comprend pourquoi son père, Jos Verstappen, né aux Pays-Bas, a demandé à son fils, né à Zolder, en Belgique, d'adopter la nationalité néerlandaise. En F1, les Pays-Bas n'avaient pas d'idole et Max en est devenu une avec un incontestable attrait pour les sponsors.

EN 2023

Les essais se caractérisent par un accident entre Australiens. Le vendredi, Piastri met sa McLaren dans le rail en haut du virage 3. Surgit Ricciardo qui, pour éviter de le percuter, tape juste à côté. Le pilote de l'Alpha Tauri se blesse la main dans un retour de volant. Il faut opérer et voilà Ricciardo qui doit déclarer forfait puis manquer cinq grands prix. Il est remplacé dès la deuxième journée d'essais par Liam Lawson, néo-zélandais, 21 ans, ainsi titularisé en F1. Malgré les averses qui se succèdent, Verstappen conquiert la pole position devant Norris, Russell, Albon et Alonso. L'équipier de Max, Pérez, est 7e, Leclerc 9e, Hamilton 13e. La pluie tombe au départ ; dans les stands, les changements de pneus sont nombreux. Sargeant envoie sa machine dans le rail, il faut une voiture de sécurité. La piste sèche, puis à 8 tours de l'arrivée, c'est le déluge qui exige un drapeau rouge. Après quoi, Verstappen reprend sa marche victorieuse, sous les yeux du roi des Pays-Bas.

POLE POSITION
Verstappen,
Red Bull-Honda, en 1'10"567
(moyenne 217,274 km/h)

PODIUM
1- VERSTAPPEN, Red Bull-Honda, les 72 tours en 2h24'04"411
(moyenne 127,679 km/h)*
2- ALONSO, Aston Martin-Mercedes, à 3"744
3- GASLY, Alpine-Renault, à 7"058

MEILLEUR TOUR
Alonso, Aston Martin-Mercedes, en 1'13"837 au 56e tour
(moyenne 207,651 km/h)

*En cas de drapeau rouge, le chronomètre de la course n'est pas arrêté, d'où cette longueur horaire inhabituelle.

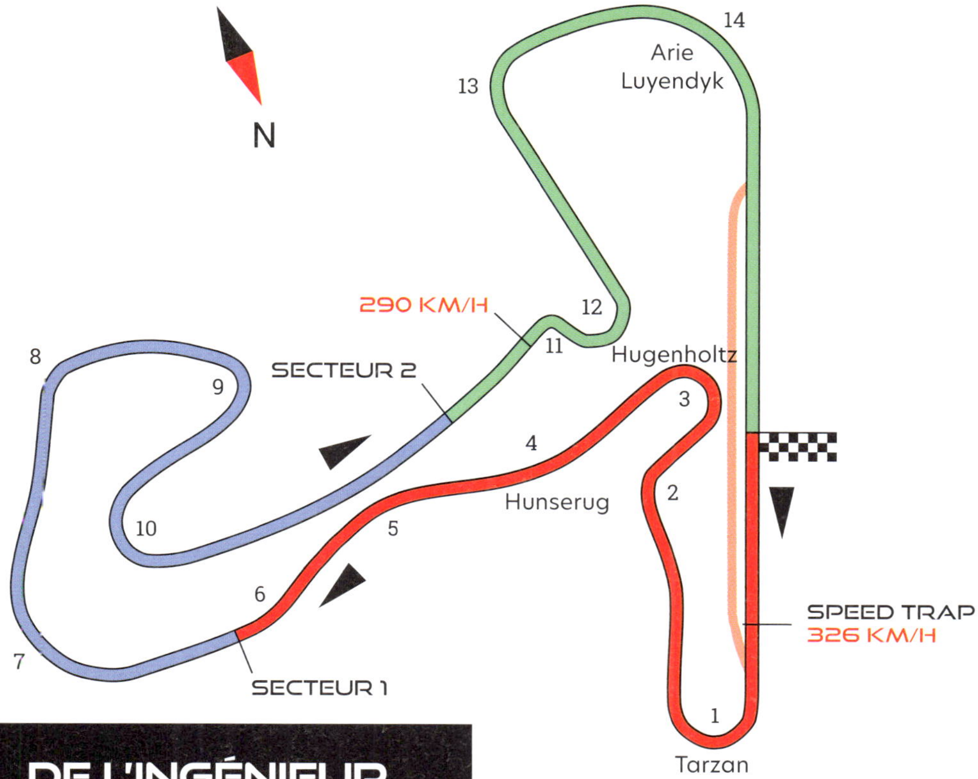

L'ŒIL DE L'INGÉNIEUR

Jouer des inclinaisons

Malgré une inclinaison comprise entre 14 et 18° (contre 9° à Indianapolis), le virage 14, qui ne présente aucune difficulté, est trivial pour les pilotes : le banking permet en réalité de prolonger artificiellement la courte ligne droite des stands, avec une zone DRS qui débute avant le virage ! L'enchaînement 2-3 constitue un défi plus important : l'inclinaison augmente graduellement de 5 à 19° avec une section construite autour de la suite de Fibonacci. Lors des essais en 2021, les pilotes essayaient des trajectoires extrêmement différentes et celle qui s'est avérée la plus efficace - gardant l'extérieur au 3 - pouvait paraître contre-intuitive. Pilotes et ingénieurs continuaient en 2023 à scruter les techniques de leurs concurrents : en course, l'ingénieur de Gasly lui indiquait qu'Alonso gagnait du temps en restant plus à l'extérieur, d'une demi-largeur. Les bankings affectent le flux d'essence, demandent des pneus robustes (en 2020, Pirelli avait envisagé des constructions différentes à l'avant uniquement pour Zandvoort) et nécessitent des réglages particuliers (roue intérieure « levée ») qui peuvent compromettre l'équilibre dans le secteur 2. Les 7-8 sont essentiels pour la gestion des pneus. En cas de pluie, gare aux 1 et 11 : la surface de la piste y est plus lisse.

CIRCUIT DE ZANDVOORT

Longueur
4,259 km

Sens
HORAIRE

14 virages
4 à gauche,
10 à droite

Distance de la pole au 1er freinage
161 m

Pleine charge accélérateur
56% du tour

Changements de vitesse par tour
52

Énergie freinage
BASSE

Consommation
HAUTE

Longueur zone des stands
220 m

Temps moyen pour un changement de pneus standard
21 secondes

GRAND PRIX D'ITALIE

Diffusion le 1er septembre 2024 à 15 heures sur Canal+

1ER SEPTEMBRE 2024

Temple de la vitesse, le circuit de Monza est l'une des pistes les plus mythiques du calendrier. Et l'ambiance y est explosive lorsque les Ferrari sont en forme !

Cette année, il s'agira du 75e GP d'Italie. Un seul s'est déroulé à Imola, les 73 autres sur l'autodrome de Monza. « Le temple de la vitesse » est son surnom, il accueille chaque année la grande messe des tifosi pour le plus ancien – avec la Grande-Bretagne – des GP de l'histoire du championnat du monde. Évoquer Monza, c'est décrire la communion de toute l'Italie autour du culte de « la Rossa », l'écurie rouge : Ferrari. Partout, dans le parc de Monza appelé là-bas « l'autOdromo » avec l'accent tonique, l'atmosphère reste chaque année la même : les cris, les pasta, le prosciutto, les tifosi qui s'interpellent, les élégantes Milanaises, les trafics de billets, les embouteillages, les larcins, les infrastructures indignes de la F1, les astuces pour entrer dans le paddock. Un spectacle qui commence dès le jeudi. Comme à Monaco, les virages sont des « musts » : la première chicane (1 et 2), la Curva Grande (virage 3), le double Lesmo (6 et 7), la Variante Ascari (8, 9 et 10) et la célèbre Parabolique (11). Tout le reste est à fond, accélérateur à pleine charge. Les vitesses atteintes effraient : pas loin de 375 km/h en pointe. Pour l'heure, le meilleur tour jamais atteint (en 1'18"887) a été effectué en qualifications par Lewis Hamilton sur Mercedes en 2020, soit 264,363 km/h de moyenne.

EN 2023

En qualifications, chaque pilote prend bien soin de mesurer devant lui la position d'un concurrent qui pourrait le gêner. D'où de nombreux embouteillages à la sortie des stands et dans la Parabolique au moment de s'élancer. Le directeur de course impose donc un temps *a minima* pour boucler les tours de lancement : une règle qui, par la suite, sera plus ou moins bien appliquée. Sainz rompt la monotonie Red Bull en s'emparant de la pole position à 13/1000es devant Verstappen et 67/1000es devant Leclerc. De quoi attirer la foule des grands jours sur l'autodromo. La course démarre après deux tentatives avortées, Tsunoda est en panne sur le bas-côté. Sainz profite de sa pole pour prendre la place de leader et, derrière lui, Verstappen attend patiemment, sachant que Sainz n'est pas un pilote facile. Il le talonne sans relâche en attendant la faute qui intervient au 15e tour. Max est en tête, mais Carlos ne facilite pas le passage à la seconde Red Bull de Pérez, qui trouve finalement la faille au 46e tour.

POLE POSITION
Sainz,
Ferrari, en 1'20"294
(moyenne 259,730 km/h)

PODIUM
1- VERSTAPPEN, Red Bull-Honda, les 51 tours en 1h13'41"143 (moyenne 240,318 km/h)
2- PÉREZ, Red Bull-Honda, à 6"064
3- SAINZ, Ferrari, à 11"193

MEILLEUR TOUR
Piastri, McLaren-Mercedes, en 1'25"072 au 43e tour (moyenne 245,143 km/h)

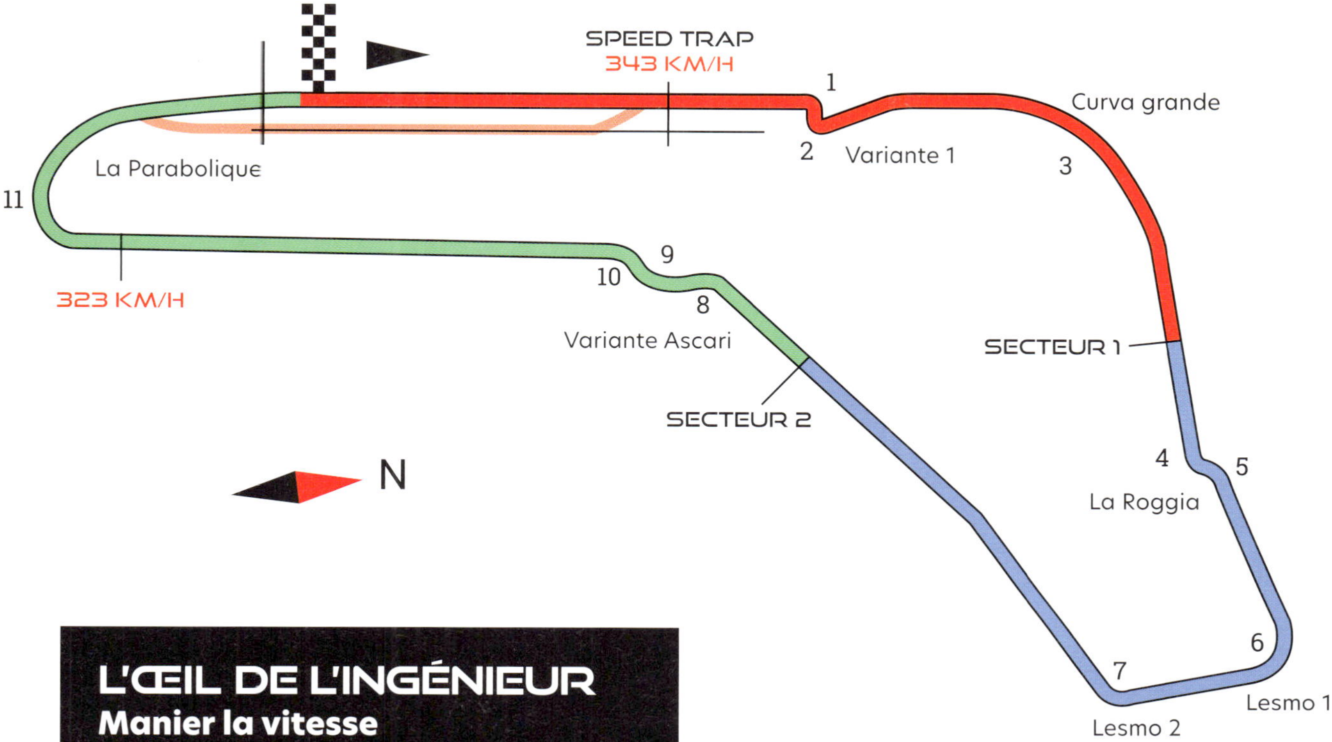

L'ŒIL DE L'INGÉNIEUR

Manier la vitesse

En termes de vitesse moyenne en qualifications, Monza reste la référence (259,7 km/h en 2023) malgré l'introduction au calendrier de Djeddah (251,8 km/h) et de Vegas (240,7 km/h). La réduction de la traînée est donc primordiale. Depuis la mise en place du plafond budgétaire, les équipes limitent le nombre d'ailerons arrière à trois ou quatre pour la saison. En 2022, Red Bull se contentait de trois ailerons (appui élevé pour Monaco ou Budapest, moyen pour Montréal ou Silverstone et bas pour Monza ou Spa), tandis que Ferrari en développait un quatrième spécifiquement pour le GP de la Scuderia à domicile. Pour chacun de ces ailerons, les équipes peuvent se laisser la possibilité d'ajuster plus finement le niveau d'appui par le biais de méthodes peu coûteuses : découpes « artisanales » du plan supérieur (en 2023, Red Bull découpait, pour Monza, l'aileron « basse traînée » utilisé à Spa), extrémités latérales amovibles, flap Gurney, etc. Depuis 2014, les équipes doivent fixer leurs huit rapports de boîte de vitesses avant le premier grand prix et Monza offre une occasion d'illustrer sans ambiguïtés les choix de chacun. En 2023, par exemple, les Williams passaient le huitième rapport environ 100 mètres avant les McLaren (même moteur, boîte différente, régime maximum supérieur de 600 tours/min), et 250 mètres avant les Alpine !

CIRCUIT DE MONZA

Longueur
5,793 km

Sens
HORAIRE

11 virages
4 à gauche,
7 à droite

Distance de la pole au 1er freinage
247 m

Pleine charge accélérateur
77% du tour

Changements de vitesse par tour
40

Énergie freinage
MOYENNE

Consommation
BASSE

Longueur zone des stands
419 m

Temps moyen pour un changement de pneus standard
23,5 secondes

GRAND PRIX D'AZERBAÏDJAN

15 SEPTEMBRE 2024

Tracé dans la ville, le circuit de Bakou réserve quelques morceaux de bravoure avec une piste très étroite au niveau de la citadelle. Cette épreuve politiquement sulfureuse est désormais disputée en septembre par des températures plus chaudes.

Diffusion le **15 septembre 2024 à 13 heures** sur **Canal+**

Programmé auparavant en avril, Bakou voit désormais son Grand Prix intégré dans un « bloc Est » avec Singapour, avant un bloc américain de quatre épreuves puis un bloc Émirats. Mettre un peu d'ordre dans le calendrier était une préoccupation de la FIA. Conséquence : du climat plutôt frisquet d'avril, Bakou passe à un climat foncièrement chaud. La donne s'en trouve largement modifiée, d'autant que le circuit compte un tracé avec 20 virages. Il comporte deux sections très distinctes, l'une très rapide avec des virages à angle droit, et l'autre vraiment tortueuse, comportant une dizaine de virages, certains très étroits au pied des bâtiments, qu'on surnomme « citadelle » ou « château fort ». Les vitesses dans la section rapide sont très élevées, surtout avec un nouveau revêtement posé l'an passé, et les virages sans dégagement entraînent des interventions régulières de la voiture de sécurité. De ce point de vue, les statistiques Mercedes estimaient en 2023 à 60 % la probabilité de ses interventions. L'année dernière, Bakou avait accueilli la première des six courses sprint qui apparaissaient comme la très grande nouveauté voulue par FOM. Difficile de dire que ce nouveau format reçut l'approbation enthousiaste du microcosme de la F1. En revanche, le public se montra ravi de ce changement.

EN 2023

Au cours des trois dernières années, Charles Leclerc et sa Ferrari sont devenus les spécialistes de la pole position. Mais ces performances n'ont jamais été concrétisées en course. L'an passé, le Monégasque a compris dès la course sprint que les Red Bull-Honda seraient imbattables. Dans les coulisses, des transferts importants. Mercedes prend une décision qui s'impose. Mike Elliott, le directeur technique de la W13 de 2022 et de la nouvelle W14, s'est entêté : le concept « zéro ponton » ne donne pas les résultats espérés. Lewis Hamilton déteste la voiture et ne s'en cache pas, Elliott est écarté et l'excellent James Allison revient à son poste. Il est trop tard, certes, mais il pourra agir sur la W15 de 2024 et tentera de bricoler une meilleure W14. Chez Ferrari, l'excellent directeur sportif Laurent Mekies s'en va, il prendra en 2024 la direction de Visa Cash App RB que Franz Tost laisse à la fin de la saison. La course voit un duel tendu entre Verstappen et Pérez qui finit par triompher.

SPRINT
1. Pérez, Red Bull-Honda ;
2. Leclerc, Ferrari ;
3. Verstappen, Red Bull-Honda

POLE POSITION
Leclerc, Ferrari, en 1'40"203 (moyenne 215,670 km/h)

PODIUM
1- PÉREZ, Red Bull-Honda, les 51 tours en 1h32'42"336 (moyenne 198,074 km/h)
2- VERSTAPPEN, Red Bull-Honda, à 2"137
3- LECLERC, Ferrari, à 21"917

MEILLEUR TOUR
Russell, Mercedes, en 1'43"370 au 51e tour (moyenne 209,062 km/h)

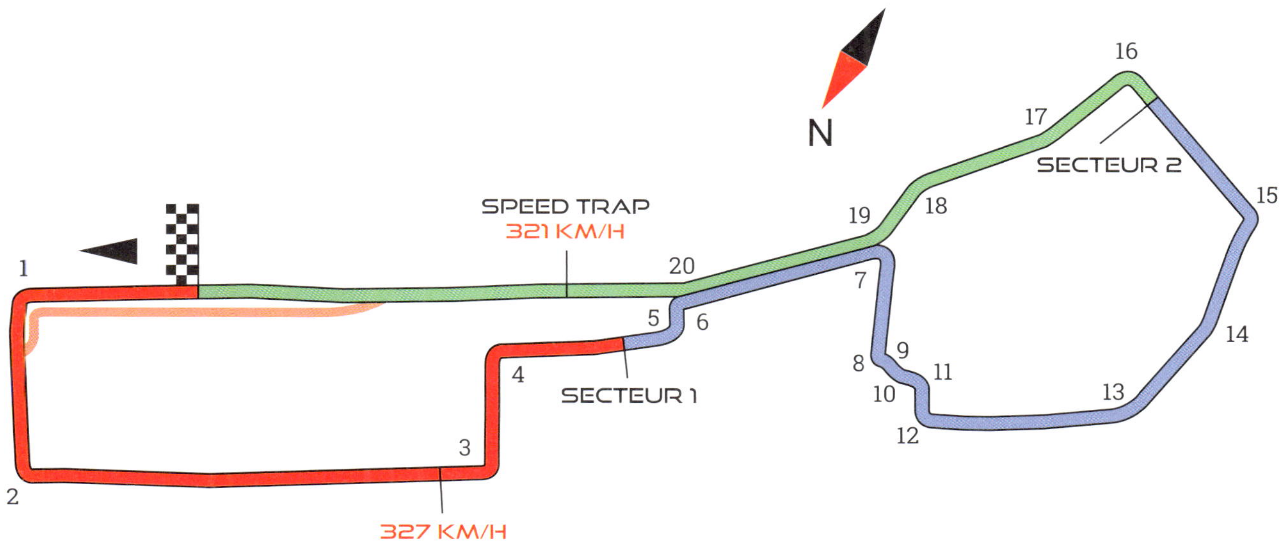

L'ŒIL DE L'INGÉNIEUR

Haute maîtrise

Ce tracé comprend la plus longue section à pleine charge du calendrier (2,2 km entre le 16 et le 1) qui permettait dès 2022 d'illustrer sans ambiguïtés l'avantage du DRS de Red Bull (3 km/h entre les asymptotes de la F1-75 et de la RB18 avant la zone DRS, 10 après!). Il se distingue aussi avec la portion la plus étroite du calendrier - 7,6 m au 8 - dans laquelle les charges latérales sont plus faibles qu'à Monaco! De surcroît, l'asphalte est très peu abrasif : mettre les pneus avant en température pour le début du tour en qualifications sans risquer de surchauffer les arrières par la suite est donc un exercice périlleux. La proximité avec la mer Caspienne provoque des rafales de vent (effet entonnoir au virage 4) qui perturbent l'équilibre aérodynamique. À l'approche du 15, les pilotes ont encore le volant tourné vers la droite, ce qui en fait un des freinages les plus délicats du calendrier. Bloqué derrière Pérez, Verstappen profitait du dernier relais en 2023 pour essayer différents réglages au volant (répartition de freinage, différentiels, etc.) lui permettant d'obtenir un avant plus incisif en entrée et lui servant de référence pour le reste de la saison.

CIRCUIT DE BAKOU

Longueur
6,003 km

Sens
ANTI HORAIRE

20 virages
12 à gauche,
8 à droite

Distance de la pole au 1er freinage
138 m

Pleine charge accélérateur
58% du tour

Changements de vitesse par tour
72

Énergie freinage
HAUTE

Consommation
HAUTE

Longueur zone des stands
329 m

Temps moyen pour un changement de pneus standard
20,5 secondes

GRAND PRIX DE SINGAPOUR

22 SEPTEMBRE 2024

Épreuve nocturne assez novatrice, le Grand Prix de Singapour s'est vite imposé comme l'un des rendez-vous incontournables de la saison. Il est le seul qui ait échappé à Red Bull l'an dernier !

Diffusion le **22 septembre 2024 à 14 heures** sur **Canal+**

Une incontournable étape en Asie. Lors du premier grand prix de l'histoire dans les rues de Singapour, la cité-État avait particulièrement bien accueilli le monde de la F1. C'est toujours le cas. La course se déroulant le soir, tout est prévu pour un microcosme qui vit de nuit. Sur bien des points, Singapour a beaucoup innové : transports, facilité, sécurité, efficacité et fiesta de tous les instants dans les tribunes, le paddock-club et les palaces autour du circuit comme dans le centre-ville. C'est le beau côté des choses pour les invités et les visiteurs. Mais la médaille a son revers, il faut vivre de nuit, travailler de nuit, piloter de nuit. Avec deux éléments à ne pas négliger : la température dépasse les 30 °C et l'humidité frôle souvent les 90 %. De plus avec ses 19 virages (22 jusqu'en 2022), le tracé demande des efforts physiques colossaux. D'autant qu'à l'instar de Monaco, les rails de sécurité sont toujours très proches des roues et la moindre erreur se paie toujours au prix fort. Dans les statistiques, les probabilités de la voiture de sécurité se chiffrent... à 100 %. Pour les spectateurs, il existe plusieurs possibilités : suivre la course depuis la piscine à débordement d'un palace au 56e étage, ou tout simplement devant les stands où l'animation est garantie.

EN 2023

Vingt-deux courses au total en 2023, mais une seule gagnée par Ferrari. La piste a changé d'aspect : les virages 16, 17, 18 et 19 ont été supprimés et, désormais, il y a une ligne droite du virage 15 au virage 16. Comme chaque année, la FIA contrôle la flexibilité des matériaux qui constituent les ailerons. De façon inexpliquée, les Red Bull ne se montrent pas en haut du classement lors des essais et des qualifications : Verstappen ne fait pas mieux que 11e et Pérez 13e. Les Ferrari, les Mercedes et les McLaren dominent. Sainz réussit la pole position et personne ne pourra le déloger de sa 1re place en course. Mieux encore : vers la fin de la course, averti de la remontée de la Mercedes de Russell à la 3e place, Sainz laisse Norris en 2e position revenir dans la zone de DRS de la Ferrari de façon à empêcher Russell de remonter jusqu'à la 1re place. Très belle stratégie à l'arraché mais qui paiera. En revanche, énervé et talonné par Hamilton, Russell termine dans le rail au dernier tour.

POLE POSITION
Sainz, Ferrari, en 1'30"984
(moyenne 195,462 km/h)

PODIUM
1- SAINZ, les 62 tours en 1h46'37"418
(moyenne 172,274 km/h)
2- NORRIS, McLaren-Mercedes, à 0"812
3- HAMILTON, Mercedes, à 1"269

MEILLEUR TOUR
Hamilton, Mercedes, en 1'35"867 au 47e tour
(moyenne 185,507 km/h)

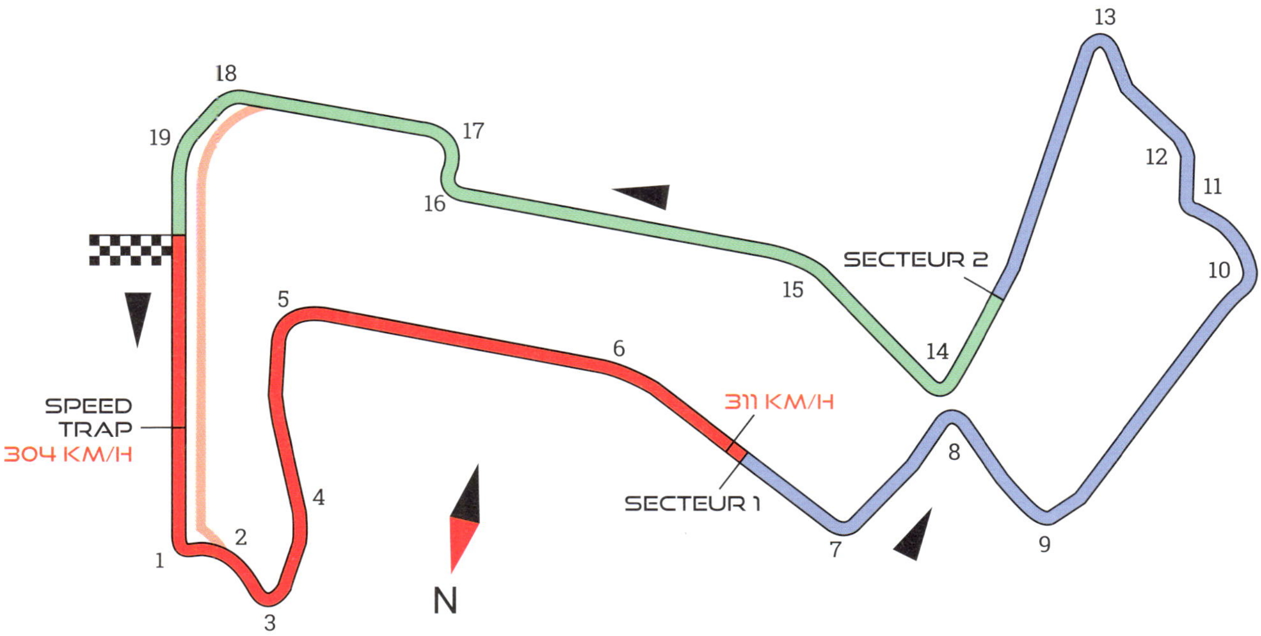

L'ŒIL DE L'INGÉNIEUR

Rudesses climatiques

La portion comprise entre la ligne droite des stands et l'entrée du virage 7 a été entièrement resurfacée au cours de ces deux dernières années, un des objectifs des travaux étant de minimiser l'aspect bosselé du circuit. Le résultat le plus flagrant se situe au virage 5: la suppression de la bosse en 2023 permettait un freinage plus tardif et se traduisait par des vitesses de passage plus élevées de 15 à 20 km/h! Les conditions climatiques mettent organismes et machines à rude épreuve. En 2023, Mercedes apportait ainsi des écopes de freins plus larges, Alpha Tauri révisait la géométrie des entrées de ses pontons, tandis qu'en course Ferrari demandait à Leclerc de maintenir la 4e vitesse au virage 10 (plutôt que la 3e) pour gérer les températures du moteur. En termes de réglages, Red Bull butait notamment sur les deux casse-têtes suivants : d'une part, obtenir suffisamment de rotation au milieu des nombreux virages lents sans toutefois engendrer de l'instabilité à l'arrière, notamment en sortie; d'autre part, abaisser suffisamment la hauteur de caisse sans pour autant générer de « bottoming » dans les sections encore très bosselées, comme au freinage du virage 14.

CIRCUIT DE SINGAPOUR

Longueur
4,940 km

Sens
ANTI HORAIRE

19 virages
12 à gauche,
7 à droite

Distance de la pole au 1er freinage
197 m

Pleine charge accélérateur
51% du tour

Changements de vitesse par tour
64

Énergie freinage
HAUTE

Consommation
HAUTE

Longueur zone des stands
417 m

Temps moyen pour un changement de pneus standard
29 secondes

GRAND PRIX DES ÉTATS-UNIS

20 OCTOBRE 2024

Course sprint le samedi

Diffusion le **20 octobre 2024 à 21 heures** sur **Canal+**

Même si d'autres épreuves américaines figurent désormais au calendrier, le circuit d'Austin est le seul à pouvoir revendiquer le statut de Grand Prix des États-Unis. Comme l'an dernier, il accueille une course sprint.

Après une escapade à Miami début mai, Austin aux États-Unis ouvre une grande tournée américaine de la F1 fin octobre qui visite le Texas, puis le Mexique, le Brésil et de nouveau les États-Unis à Las Vegas fin novembre. Un regroupement plus logique du calendrier l'exige. Austin offre un dessin réellement extraordinaire : on y retrouve les enchaînements Maggotts-Becketts-Chapel de Silverstone au sein d'une succession de huit virages (2 à 9), le Super-gauche d'Istanbul (16-17-18) en passant par le stadium d'Hockenheim (13-14-15) et deux grosses épingles (1 et 11) qui rappellent celles de Barcelone. De plus, élément non négligeable, le circuit se promène dans un vallonnement très accentué et, vue de la ligne de chronométrage, la montée vers l'épingle 1 est réellement surprenante. Sur cette piste, les pilotes autos ou motos se régalent. Ou plutôt se régalaient. Car au bout d'une dizaine d'années d'existence, la piste a vieilli. Non pas le revêtement lui-même mais en dessous : les fondations ont bougé. Aussi, avec les monoplaces très proches du sol pour une meilleure adhérence, il est facile de talonner. Pour faire oublier le fiasco de Dallas en 1984, le Texas a toujours superbement accueilli la F1 à Austin dès 2012. Il faut que cette belle image perdure.

EN 2023

Le préévénement notable à Austin est le retour de Daniel Ricciardo. Il retrouve son Alpha Tauri après un intérim de Liam Lawson sur cinq courses : le jeune Néo-Zélandais n'a pas démérité, il a marqué 2 points. Vendredi : lors des qualifications pour le grand prix, Verstappen voit son meilleur temps annulé pour franchissement illicite des limites de piste et quand le drapeau tombe, il n'est pas mieux que 6e. Leclerc signe la pole position devant Norris. Le lendemain, une course sprint est au programme d'Austin et Verstappen y prend la pole position. Dans l'après-midi, il gagne la course avec près de 10" d'avance sur Hamilton et 17"9 sur Leclerc. Au départ du vrai grand prix, Norris devance Leclerc qui va peu à peu perdre des places au classement. Ni Norris ni Hamilton aux avant-postes ne peuvent résister à Verstappen qui fonce vers sa 50e victoire en F1. Après l'arrivée, Hamilton et Leclerc sont disqualifiés : le skid-block est trop usé, leur voiture étant trop basse.

SPRINT
1. Pérez, Red Bull-Honda ;
2. Hamilton, Mercedes ;
3. Leclerc, Ferrari

POLE POSITION
Leclerc, Ferrari, en 1'34"723 (moyenne 209,524 km/h)

PODIUM
1-VERSTAPPEN, Red Bull-Honda, les 56 tours en 1h35'21"362 (moyenne 195,054 km/h)
2- NORRIS, McLaren-Mercedes, à 10"730*
3- SAINZ, Ferrari, à 15"134

MEILLEUR TOUR
Tsunoda, Alpha Tauri-Honda, en 1'38"139 au 56e tour (moyenne 202,231 km/h)

*Disqualifiés, voitures non conformes : Hamilton (2e) et Leclerc (5e).

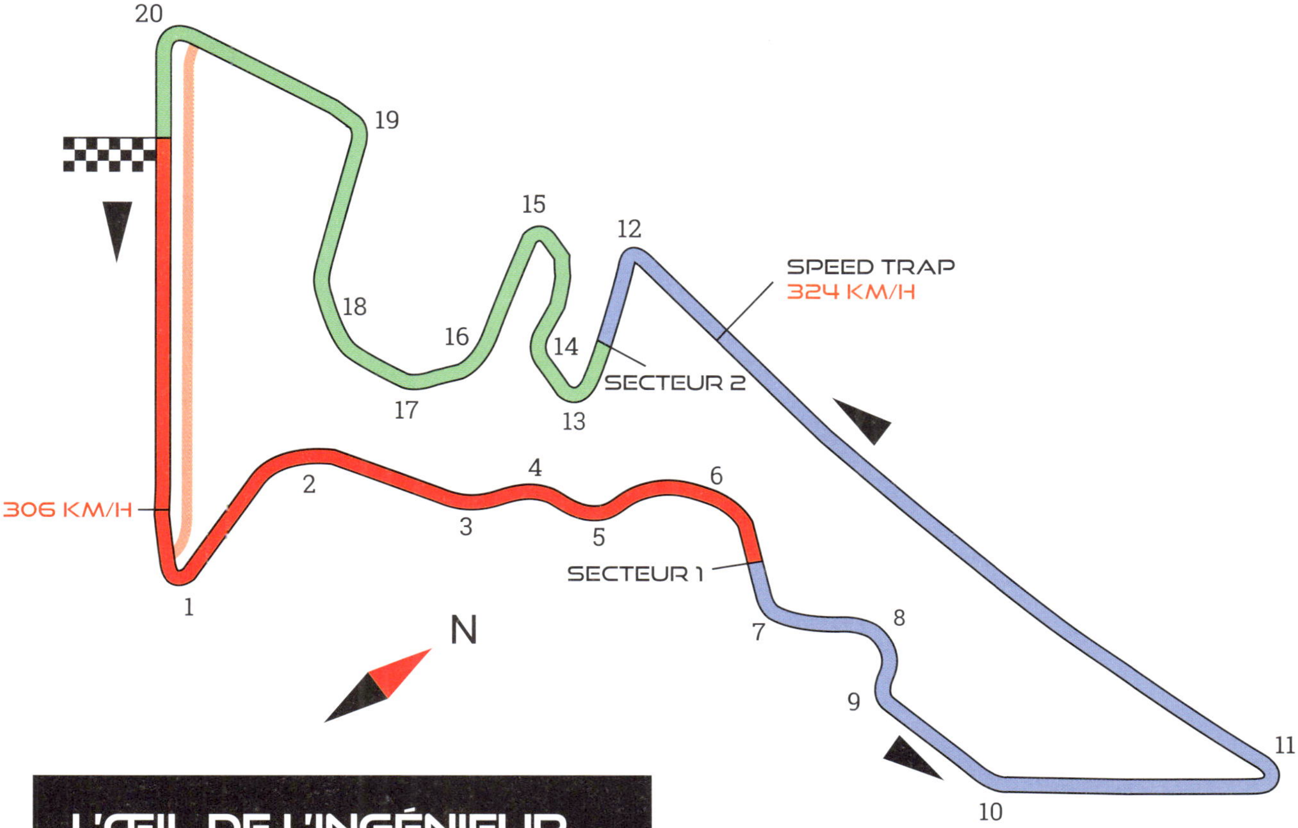

L'ŒIL DE L'INGÉNIEUR

Sol instable

Le circuit se situe au sud-est d'Austin : les sols y ont un indice de plasticité plus important qu'à l'ouest et sont donc plus susceptibles de connaître des mouvements induits par le phénomène de retrait-gonflement des argiles. Ces considérations géotechniques expliquent en partie l'incessante apparition de bosses, en dépit des nombreux travaux de resurfaçage entrepris - dernièrement en 2020 et 2022. Le virage 11 s'est ainsi élevé d'un mètre et demi par rapport à 2018 ! Dans l'enchaînement 3-8, on observait en 2023 les mêmes tendances qu'à Suzuka : Leclerc utilisait ses freins dans chaque virage pour faciliter la rotation, tandis que Verstappen était le seul à passer le 5 à fond avec un avantage de 15 km/h sur ses concurrents, dont son coéquipier. La ligne droite de 1,2 km entre les 11 et 12 peut pousser certains pilotes (Verstappen 2022, Ferrari et Haas 2023, etc.) à ne pas utiliser l'aileron arrière le plus chargé. Avec plus ou moins de succès, les Haas choisissant finalement d'enfreindre le parc fermé pour revenir sur leur choix, trop pénalisant pour la gestion des pneus. Clés pour la consommation d'essence : les rapides 3-7 et 16-18 et le LICO avant les 11 et 12.

CIRCUIT D'AUSTIN

Longueur
5,513 km

Sens
ANTI HORAIRE

20 virages
11 à gauche,
9 à droite

Distance de la pole au 1er freinage
240 m

Pleine charge accélérateur
53% du tour

Changements de vitesse par tour
70

Énergie freinage
MOYENNE

Consommation
HAUTE

Longueur zone des stands
414 m

Temps moyen pour un changement de pneus standard
20 secondes

GRAND PRIX DE MEXICO

Diffusion le **27 octobre 2024 à 21 heures** sur **Canal+**

27 OCTOBRE 2024

Situé en altitude, le circuit de Mexico pose des problèmes insolites aux ingénieurs. Il y règne une ambiance incroyable, particulièrement dans le stadium entièrement dédié à « Checo », l'idole nationale.

Il y a, au Mexique, un réel engouement pour l'automobile. On le vérifie tous les jours avec des embouteillages monstrueux. Il y a aussi une histoire avec des pilotes aussi célèbres que les frères Rodriguez ou, aujourd'hui, Sergio « Checo » Pérez. De fait, Mexico se joue à guichets fermés dans une ambiance de feu. Certains passionnés de F1 regrettent qu'à la reprise des grands prix sur l'autodrome en 2015, la célèbre Peraltada, le demi-cercle complet légèrement relevé qui précédait la zone des stands, ait disparu. Un endroit très technique marqué par les champions : le dépassement de Mansell sur Berger par l'extérieur y est inoubliable, tout autant que le tonneau de Senna (une faute extrêmement rare dans sa carrière), qui resta coincé sous sa McLaren. Mais cette Peraltada débitée en tranches (virages 12, 13, 14, 15 et 16) a permis l'installation d'un stadium, une gigantesque tribune de supporters enfiévrés, déchaînés, qui fait plaisir à voir pour le monde de la F1, y compris les pilotes accueillis en héros. Le circuit présente deux autres spécificités techniques. Tout d'abord son altitude, celle de Mexico, à près de 2300 m, et une longue ligne droite où sont atteintes des vitesses de près de 360 km/h. À son bout, le premier freinage est réellement spectaculaire.

EN 2023

Sur la plupart des circuits à secteurs très rapides, les moteurs Ferrari se montrent en verve, Leclerc signe la pole devant son équipier Sainz tandis qu'en 9e et 10e position se trouvent les Alfa Romeo, d'habitude reléguées assez loin sur la grille. Les moteurs Honda tiennent aussi un bon cap puisque Ricciardo se positionne avec sa modeste Alpha Tauri entre les deux Red Bull. La course se déroule en deux temps par le biais d'un drapeau rouge. Tout d'abord, Verstappen exécute un départ canon qui le propulse devant les deux Ferrari. Leclerc veut résister au premier freinage, mais de l'extérieur surgit Pérez qui rebondit sur les pneus de Leclerc et envoie sa Red Bull dans le décor. Au 33e tour, juste avant la mi-course, Magnussen, victime d'une rupture de suspension, envoie sa Haas dans le décor. Drapeau rouge. À la reprise, nouveau départ canon de Verstappen qui vogue vers sa 51e victoire en F1 et rejoint de ce fait Alain Prost dans cette hiérarchie très sélect.

POLE POSITION
Leclerc, Ferrari, en 1'17"166
(moyenne 200,793 km/h)

PODIUM
1- VERSTAPPEN, Red Bull-Honda, les 71 tours en 2h2'30"814*
(moyenne 149,544 km/h)
2- HAMILTON, Mercedes, à 13"875
3- LECLERC, Ferrari, à 23"124

MEILLEUR TOUR
Hamilton, Mercedes, en 1'21"334 au 71e tour
(moyenne 190,503 km/h)

*En cas de drapeau rouge, le chronomètre de la course n'est pas arrêté, d'où cette longueur horaire inhabituelle.

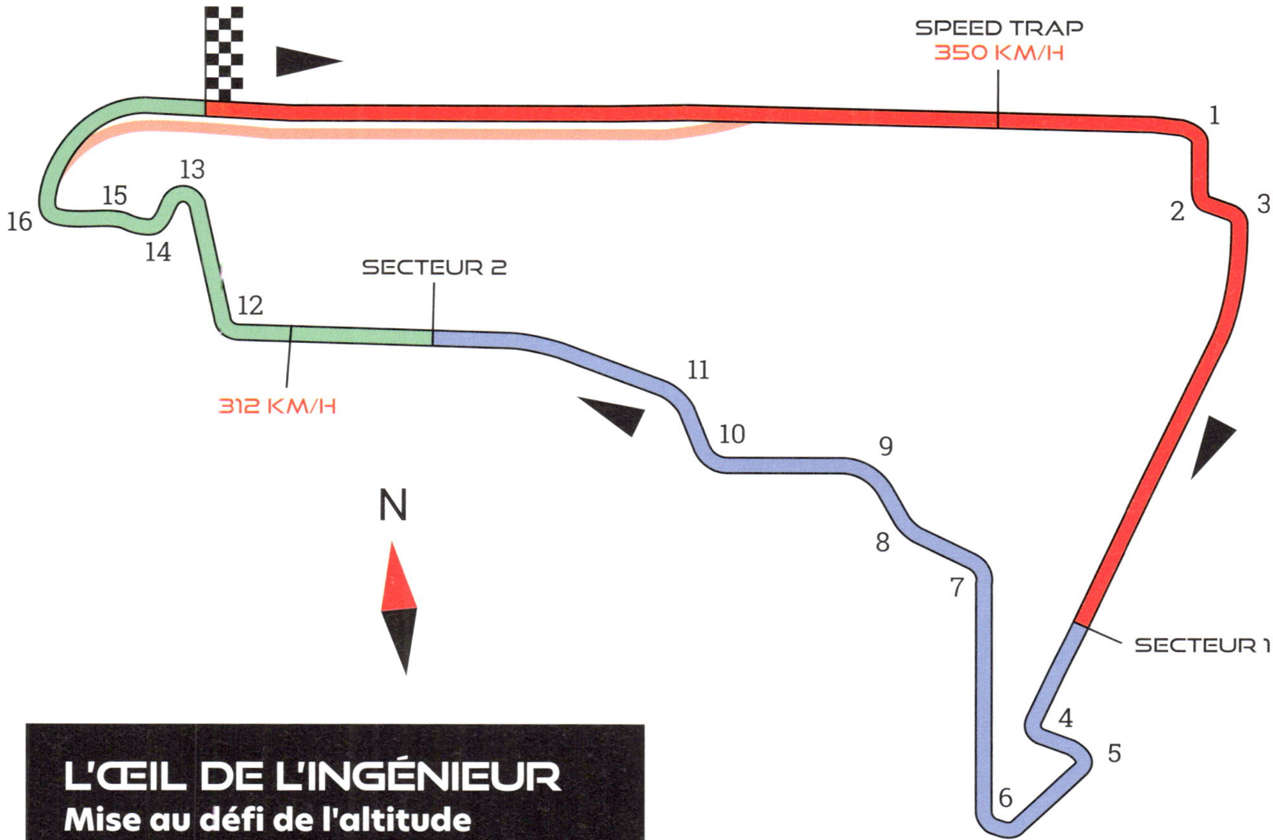

L'ŒIL DE L'INGÉNIEUR

Mise au défi de l'altitude

La masse volumique de l'air y est environ 25 % plus basse qu'au niveau de la mer : un véritable défi pour les ingénieurs. Les forces aérodynamiques (déportance, traînée) sont proportionnelles à ce paramètre. Les équipes utilisent donc leur aileron arrière le plus chargé pour compenser partiellement le déficit. Malgré cela, les forces générées sont aussi faibles que celles produites à Monza, ce qui explique les vitesses de pointe très élevées. La quantité de dioxygène disponible pour la combustion étant réduite, les turbocompresseurs tournent à des régimes plus importants - générant un surplus de chaleur -, sans toutefois dépasser les seuils (différents d'un motoriste à l'autre) au-delà desquels la fiabilité est menacée. La raréfaction de l'air diminue fortement les capacités de refroidissement (freins, moteur). En 2023, l'ingénieur de Leclerc fut contraint d'émettre une quinzaine (!) de messages demandant une augmentation du LICO et d'imposer à son pilote le maintien de la 3e vitesse au virage 6. Les faibles quantités d'appuis et l'asphalte peu abrasif sont propices au « graining » du côté gauche. La température de la piste pouvant évoluer rapidement (-4 °C en Q3 2023), le rythme du tour de préparation en qualifications doit être ajusté en conséquence.

CIRCUIT DE MEXICO

Longueur
4,304 km

Sens
HORAIRE

17 virages
7 à gauche,
10 à droite

Distance de la pole au 1er freinage
811 m

Pleine charge accélérateur
43 % du tour

Changements de vitesse par tour
50

Énergie freinage
MOYENNE

Consommation
MOYENNE

Longueur zone des stands
379 m

Temps moyen pour un changement de pneus standard
21,5 secondes

GRAND PRIX DE SÃO PAULO

Diffusion le **3 novembre 2024 à 18 heures** sur **Canal+**

Course sprint le samedi

3 NOVEMBRE 2024

Même si elle ne bénéficie plus du titre officiel de Grand Prix du Brésil, la course de São Paulo n'en reste pas moins une épreuve phare du calendrier. Avec sa piste vallonnée tracée entre les lacs, Interlagos donne souvent lieu à des courses palpitantes avec, en prime, une course sprint cette année.

Le dernier GP du Brésil s'est déroulé en 2019. Le pouvoir politique ayant changé de mains avec Bolsonaro, il fut question de recréer un circuit vers Rio de Janeiro, mais le projet ne vit jamais le jour. L'État et la mégalopole de São Paulo restaient en embuscade et ont repris en 2021 la course sous leur propre nom. Ceux qui connaissent le Brésil savent que les Paulistes se sont toujours vantés de tenir l'économie du Brésil à bout de bras, en tout cas plus haut que ces « amuseurs » de Cariocas ! Et c'est aussi grâce aux Paulistes que le circuit voisin, Interlagos, long à l'origine de 7,9 km, a été remodelé pour devenir la piste que l'on connaît aujourd'hui. À l'instar de Spa-Francorchamps, ce remodelage a peu ou prou conservé les qualités de la piste : un socle vallonné, des pentes à bon pourcentage et des virages extrêmement variés, accompagnés de freinages tout aussi variés. Depuis Felipe Massa, il n'y a pas de stars brésiliennes en F1 comme le furent les Fittipaldi, Piquet ou Senna. Et pourtant, le Grand Prix fait toujours recette, dans une ambiance de samba survoltée. Une autre de ces spécificités reste sa météo instable qui, en quelques minutes, varie du soleil de plomb à la tornade. L'alerte des spectateurs dans les tribunes est célèbre : « *Chuva, chuva* », la pluie, la pluie !

EN 2023

Le grand sujet des qualifications du vendredi : le vent. Avant que le déluge ne s'abatte sur Interlagos, entraînant un drapeau rouge, de violentes rafales tournoyantes ont perturbé la bonne marche des pilotes. En quelques dizaines de mètres, les machines changeaient totalement de comportement. Les meilleurs se demandaient comment ils avaient pu effectuer un bon chrono. Le samedi : sprint. Au *shootout* (qualifications de la sprint), Ocon accroche Alonso, la réaction de l'équipe Alpine est violente, mais pourtant les images montrent qu'Ocon avait perdu sa voiture avant de toucher Alonso. Norris signe la pole, puis dans l'après-midi, Verstappen gagne la sprint. Grand prix le lendemain et, avant même le départ, Leclerc renonce - hydraulique en panne sur sa Ferrari. Accident entre Magnussen et Albon au départ, drapeau rouge. Dans les derniers tours, le duel pour la 3e place entre Pérez et Alonso, qui invente de nouvelles trajectoires, est passionnant. Même Verstappen le suit sur les écrans géants en roulant vers la victoire.

SPRINT
1. Verstappen, Red Bull-Honda ;
2. Norris, McLaren-Mercedes ;
3. Pérez, Red Bull-Honda

POLE POSITION
Verstappen, Red Bull-Honda, en 1'10"727 (moyenne 219,327 km/h)

PODIUM
1- VERSTAPPEN, Red Bull-Honda, les 71 tours en 1h56'48"984 (moyenne 157,109 km/h)*
2- NORRIS, McLaren-Mercedes, à 8"277
3- ALONSO, Aston Martin-Mercedes, à 25"878

MEILLEUR TOUR
Norris, McLaren-Mercedes, en 1'12"486 au 61e tour (moyenne 214,005 km/h)

*En cas de drapeau rouge, le chronomètre de la course n'est pas arrêté, d'où cette longueur horaire inhabituelle.

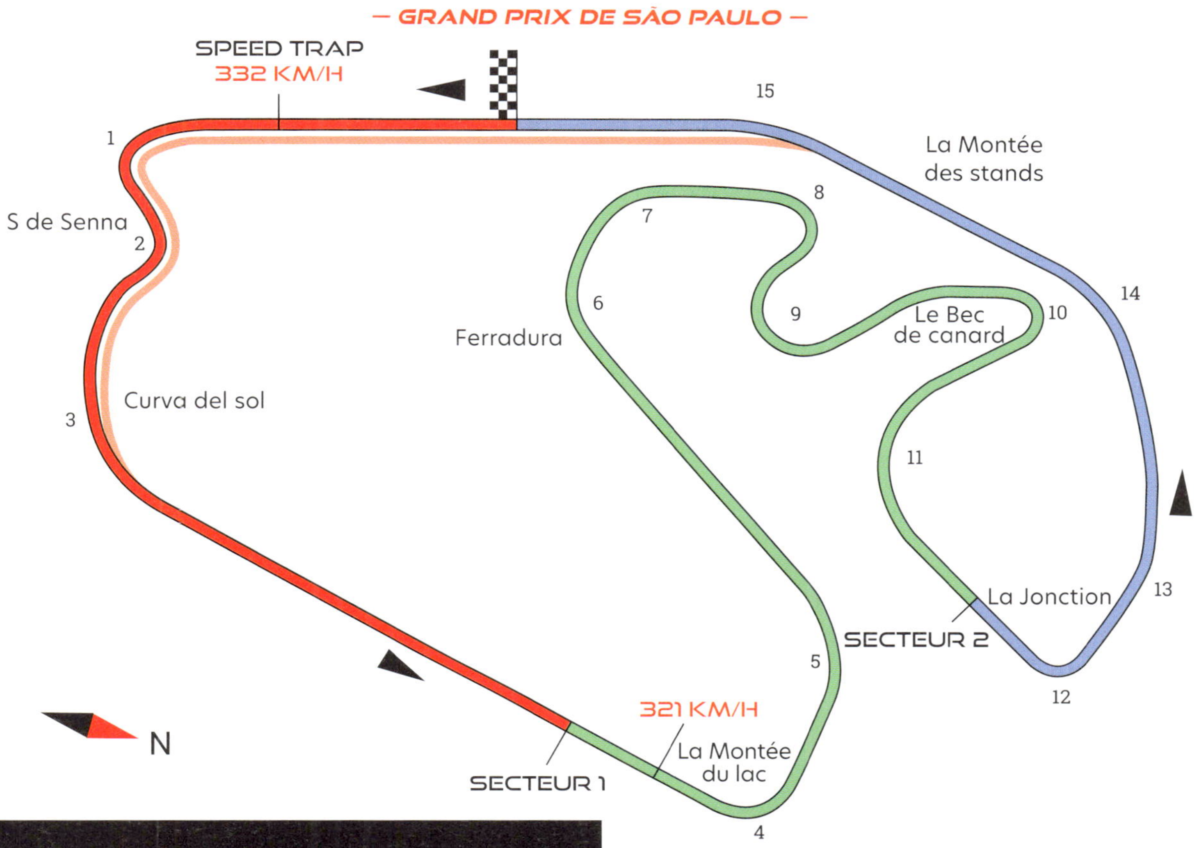

L'ŒIL DE L'INGÉNIEUR

S'adapter face aux vents

L'orage survenu lors des qualifications 2023 constitue un cas d'école permettant d'illustrer l'influence du vent sur les F1. Entre le dernier relais en Q2 et le premier relais en Q3, le vent du nord-est (10 km/h) se transforme en vent du sud (5 km/h), alors que les autres paramètres restent constants durant cette période (piste sèche à 35° et pression atmosphérique 918 hPa). Évoquant une « expérience choquante », Verstappen envisage d'abandonner le tour qui lui offre pourtant la pole position! Les forces aérodynamiques augmentent par vent de face et diminuent par vent arrière. Par exemple, entre les virages 3 et 4 en Q3, le vent arrière - du sud - engendre une réduction de traînée : les vitesses de pointe augmentent de 5 km/h, mais la réduction d'appui compromet le passage du 4. Le vent de face et le surplus d'appui qui en résulte favorisent le 6 (+6 km/h), mais cet excès peut compromettre l'enchaînement avec le 7 qui se négocie par vent arrière, tout comme les 8, 10 et 12. La dégradation des pneus joue un rôle crucial en course : différentes techniques sont observées, notamment aux 6-7 et 11 avec des vitesses de passage parfois réduites de 15 km/h (Alonso-Pérez, 2023)!

CIRCUIT D'INTERLAGOS

Longueur
4,309 km

Sens
ANTI HORAIRE

15 virages
10 à gauche,
5 à droite

Distance de la pole au 1er freinage
195 m

Pleine charge accélérateur
54% du tour

Changements de vitesse par tour
50

Énergie freinage
MOYENNE

Consommation
MOYENNE

Longueur zone des stands
392 m

Temps moyen pour un changement de pneus standard
21 secondes

GRAND PRIX DE LAS VEGAS

23 NOVEMBRE 2024

Le moins que l'on puisse dire est que le retour de Las Vegas dans le calendrier de la F1 n'est pas passé inaperçu ! Véritable événement médiatique l'an dernier, il a finalement été le théâtre d'une course intéressante. Qu'en sera-t-il cette année ?

Diffusion le **24 novembre 2024 à 7 heures** sur **Canal+**

Un univers très surprenant pour la F1. Comment la capitale du jeu dans le Nevada s'est-elle transformée pour vivre à l'heure d'un grand prix ? Les négociations entre FOM et les instances de la ville ont été très serrées, mais le résultat est là. Il fallait que les monoplaces puissent rouler sur le Strip et elles y ont roulé. Dans le passé, l'hôtel Caesars Palace de Vegas avait accueilli sur un parking géant en 1981 et 1982 un grand prix sur un circuit dessiné à la hâte, à l'américaine et à grand renfort de murets en béton. Pas surprenant aux États-Unis où ce type de construction est courant. Ici, il s'est agi d'un projet beaucoup plus complexe, au centre de la ville et de surcroît de nuit, à l'heure où la vie à Vegas atteint son pic d'effervescence. Le tracé mesure 6,2 km, soit 3 km de plus qu'à Monaco. Mais aucun des célèbres palaces de Vegas n'a été négligé. Bellagio, Paris, Mirage, Venitian, Wynn et autre Flamingo voient les F1 passer devant leur jardin ou leurs piscines. Le circuit retient trois grandes lignes droites et deux secteurs biscornus, celui du départ et celui qui va commander le Strip à partir du virage 12. C'est le virage le plus important selon de nombreux pilotes car il commande l'entrée sur le Strip où Charles Leclerc a été « flashé » à 350 km/h.

EN 2023

Malgré le site, la nuit et les millions de dollars dépensés, la F1 à l'américaine n'est pas passée loin du four complet. En effet, mais qui pouvait le prévoir (?), au passage de la Ferrari de Sainz dans les huit premières minutes des premiers essais libres, une petite plaque de regard sur la chaussée s'arrache. Elle fait des dégâts assez importants dans le compartiment moteur de la Ferrari qui stoppe net. Il faut donc sceller toutes ces mini-plaques et l'opération va prendre toute la nuit de jeudi à vendredi. Le grand prix se déroule néanmoins samedi comme prévu – dimanche matin à l'heure européenne. Mais ce premier échec laisse des traces car tous les accompagnateurs et placeurs des spectateurs du jeudi doivent quitter les lieux en vertu de la loi fédérale sur le non-dépassement des horaires de travail, et les spectateurs qui n'ont eu droit qu'à huit minutes d'essais dans la nuit doivent aussi partir. Les procès suivront. Leclerc se montre le plus rapide en qualifications, mais Verstappen finit par gagner.

POLE POSITION
Leclerc, Ferrari en 1'32"726 (moyenne 240,748 km/h)

PODIUM
1- VERSTAPPEN, Red Bull-Honda, les 50 tours en 1h29'08"289 (moyenne 208,636 km/h)
2- LECLERC, Ferrari, à 2"070
3- PÉREZ, Red Bull-Honda, à 2"241

MEILLEUR TOUR
Piastri, McLaren-Mercedes, en 1'35"490 au 47e tour (moyenne 233,779 km/h)

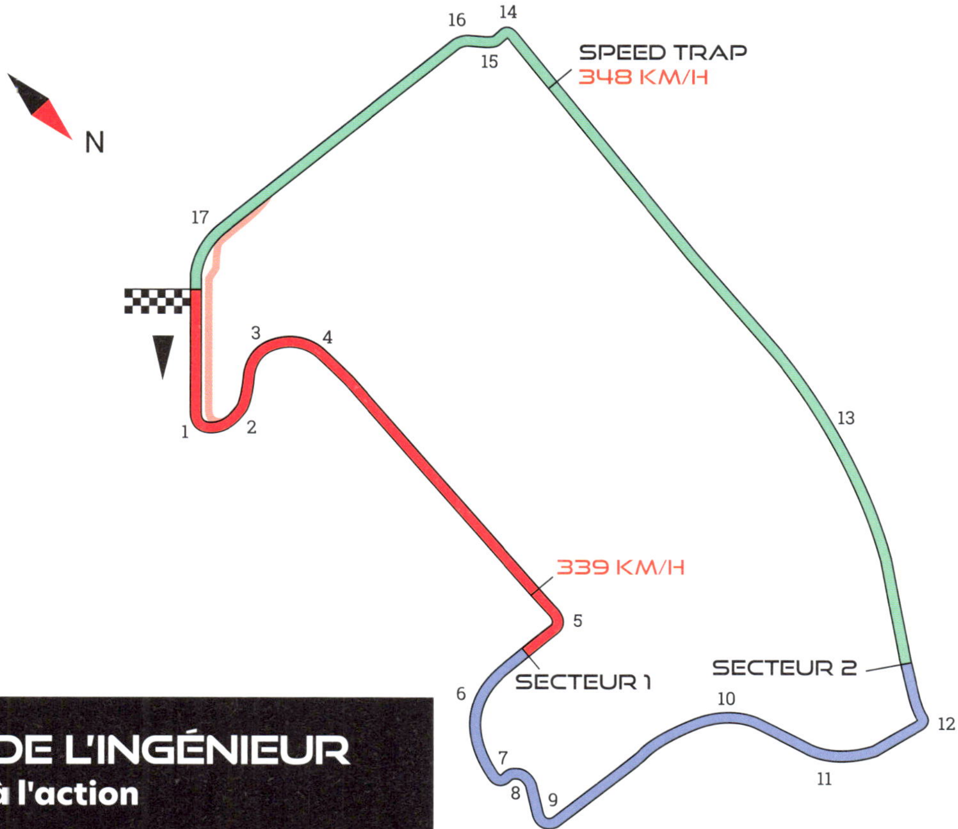

L'ŒIL DE L'INGÉNIEUR

Le froid à l'action

Les ingénieurs doivent s'adapter aux températures fraîches qui peuvent être rencontrées de nuit à cette période de l'année. À l'extrême opposé du Mexique, le refroidissement est réduit à sa plus simple expression. En qualifications, les stratèges doivent trancher : un ou deux tours de chauffe, un ou deux trains de tendres neufs (comme McLaren lors de la Q1 de 2023) ? Il faut aussi tenir compte de l'évolution très rapide de cette piste urbaine, sous peine de se faire éliminer comme Pérez en Q2. En course, la gestion des pneus est primordiale, notamment en début de relais : pour l'avant droit aux virages 1, 7 et 9, pour LICO au virage 11 et pour l'avant gauche aux 3, 4 et 10. Le danger majeur provient du risque très important de « graining ». Gasly en a fait l'amère expérience en 2023 : lors des 13 derniers tours, le pilote Alpine perdait 15 secondes sur son équipier Ocon à cause de ce phénomène. Sous *safety car* (SC) ou *virtual safety car* (VSC), de nombreux ingénieurs signalaient à leur pilote que les températures des pneus étaient plus basses qu'à la sortie des couvertures chauffantes, Russell répondant à Dudley qu'il avait la sensation de conduire sous la pluie, tandis que Leclerc manquait de perdre le contrôle de sa SF-23 derrière la voiture de sécurité.

CIRCUIT DE LAS VEGAS

Longueur
6,201 km

Sens
ANTI HORAIRE

17 virages
11 à gauche,
6 à droite

Distance de la pole au 1er freinage
170 m

Pleine charge accélérateur
66 % du tour

Changements de vitesse par tour
56

Énergie freinage
HAUTE

Consommation
MOYENNE

Longueur zone des stands
220 m

Temps moyen pour un changement de pneus standard
21,5 secondes

GRAND PRIX DU QATAR

Diffusion le 1er décembre 2024 à 18 heures sur Canal+

Course sprint le samedi

1ER DÉCEMBRE 2024

Soucieux de se valoriser au niveau mondial à travers le sport, le Qatar a rejoint le concert des pays du Moyen-Orient accueillant un grand prix. Afin d'éviter la surchauffe vécue par les pilotes l'an dernier, le Grand Prix a été retardé d'un mois. Il est complété par une course sprint.

Le Qatar est arrivé dans le monde la F1 un peu par hasard, diront certains, mais pas tout à fait cependant. En 2021, le monde subit la pandémie de Covid et le calendrier des grands prix menace de s'étioler. Toutes les bonnes volontés retiennent l'attention. Disposant de somptueuses installations, le Qatar accueille ainsi pour la première fois la F1. Après tout, le circuit de Losail figure au calendrier des grands prix de MotoGP depuis le début des années 2000. Le monde de la F1 y arrive donc en 2021 et rendez-vous est pris pour la saison 2023. Le Qatar appréciant le « softpower » du sport (football, moto et autres), rien ne sera trop beau pour la F1. Les infrastructures ont été rénovées et sont impressionnantes. Paddock-club et médias y sont très bien traités et de nouvelles zones de dégagement ont été créées, avec un hic cependant : les vibreurs à arêtes émergentes mettent à mal les pneus Pirelli. Prudence donc pour les excursions hors limite et les retours sur piste. Autre changement non négligeable pour le Qatar : sa date au calendrier qui se situe début décembre et non début octobre comme l'an passé, pour éviter les trop hautes températures. La piste montre un profil assez varié et, sur ses 5,4 km, les rayons des 16 virages sont réellement différents.

EN 2023

Une étape dont la F1 se souviendra. Pirelli doit résoudre le problème posé par les vibreurs très agressifs. Essais et qualifications se déroulent le vendredi, car le samedi, c'est sprint. Piastri y conquiert sa première victoire en F1. En 2e position, Verstappen s'offre les 7 points qui lui permettent de devenir champion du monde. Voilà le résultat discutable des sprints : plutôt que de vivre un sacre mondial en grande pompe, Verstappen, la F1 et les médias sont à la retenue car le lendemain, il y a un vrai grand prix, excepté pour Sainz, sa Ferrari étant en panne. Avant le départ, exigence de Pirelli : pas de pneus utilisés au-delà de 18 tours, tant les vibreurs les endommagent. Adieu les stratégies tout en finesse. Au départ, accrochage entre les deux Mercedes, Hamilton reconnaît sa faute et quand la voiture de sécurité s'efface, Verstappen réaccélère vers la victoire. Après le drapeau à damier, tous les pilotes sont lessivés, la plupcrt allongés à terre pour récupérer tant la chaleur était forte.

SPRINT
1. Piastri, McLaren-Mercedes ;
2. Verstappen, Red Bull-Honda ;
3. Norris, McLaren-Mercedes

POLE POSITION
Verstappen, Red Bull-Honda, en 1'23"778 (moyenne 232,858 km/h)

PODIUM
1- VERSTAPPEN, Red Bull-Honda, les 57 tours en 1h27'39"168 (moyenne 211,250 km/h)
2- PIASTRI, McLaren-Mercedes, à 4"833
3- NORRIS, McLaren-Mercedes, à 5"969

MEILLEUR TOUR
Verstappen, Red Bull-Honda, en 1'24"319 au 51e tour (moyenne 231,264 km/h)

— GRAND PRIX DU QATAR —

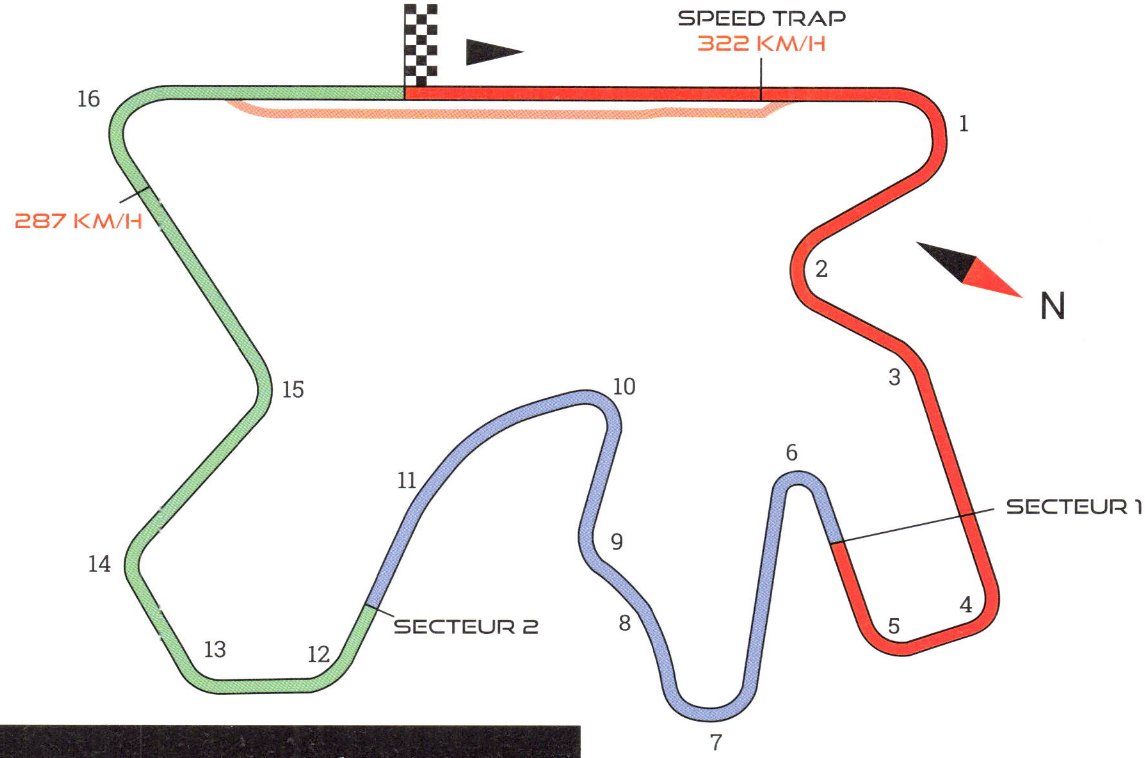

L'ŒIL DE L'INGÉNIEUR

Aileron chargé

Les longues courbes, qui s'enchaînent sans offrir de répit aux pilotes, nécessitent beaucoup d'appuis, ce qui mène à l'utilisation de l'aileron arrière le plus chargé en 2023. Elles peuvent pénaliser les monoplaces dont les caractéristiques aérodynamiques sont sensibles au vent et au lacet. En fin de saison, les motoristes peuvent faire le choix stratégique d'utiliser ici le V6 le plus usé et de conserver les plus « frais » pour des circuits où la puissance joue un rôle plus important (comme à Interlagos, Vegas, etc.). Les rafales de vent ramènent du sable sur un asphalte renouvelé en 2023 : le niveau d'adhérence évolue rapidement et le « graining » peut apparaître, surtout sur les pneus tendres. Le pneu avant gauche est clairement le plus limitant (gestion des virages 4-5, 9 et 12-14). Pirelli retrouvait en 2023 des micro-lacérations (résultant de l'interaction complexe entre les pneus et les bordures « pyramides » homologuées par la FIA) sur les flancs de ses produits. La limite imposée des 18 tours permettait paradoxalement aux pilotes d'attaquer sans trop se soucier de la dégradation thermique des gommes. Pour se fixer les idées : vitesse réduite de seulement 10-12 % entre les qualifications et le premier relais dans les 12-14, contre 16-20 % dans les « Esses » de Suzuka.

CIRCUIT DE LOSAIL

Longueur
5,419 km

Sens
HORAIRE

16 virages
6 à gauche,
10 à droite

Distance de la pole au 1er freinage
371 m

Pleine charge accélérateur
59% du tour

Changements de vitesse par tour
52

Énergie freinage
BASSE

Consommation
MOYENNE

Longueur zone des stands
450 m

Temps moyen pour un changement de pneus standard
25 secondes

GRAND PRIX D'ABU DHABI

Diffusion le **8 décembre 2024 à 14 heures** sur **Canal+**

8 DÉCEMBRE 2024

La particularité de ce Grand Prix est de commencer de jour et de terminer de nuit. Idéal pour conclure la saison, pour la onzième fois consécutive.

Clôturer la saison est le privilège d'Abu Dhabi. Pour le visiteur qui arrivait dans l'émirat au début des années 2000, se rendre dans les environs de Yas Island équivalait ni plus ni moins à une promenade en plein désert. Il n'y avait rien. Mais le virus de la F1 ayant pris place à Bahreïn, il contamina Abu Dhabi. Ainsi, ce bout de côte à quelques kilomètres du centre-ville devint un lieu privilégié, consacré au yachting avec une marina, aux jeux de vitesse avec le Ferrari World, au tourisme avec des palaces, à l'art avec le Louvre, et au sport automobile. Le tout fut concocté par l'imagination de Khaldoon Al Mubarak qui utilisa les services de l'architecte des circuits Hermann Tilke et du maître d'œuvre français Philippe Gurdjian. Depuis 2009, 15 grands prix se sont déroulés sur le circuit de Yas Marina au crépuscule pour terminer de nuit. Il en sera de même en 2024. Le tracé n'est pas réellement intéressant, mais Tilke dut tenir compte des infrastructures de la marina déjà existantes. Néanmoins, Yas Marina devient au fil des ans un rendez-vous à ne pas manquer : la saison s'achève là, l'ambiance est souvent très détendue - mis à part en 2021 où elle était de plomb -, les invités de marque sont nombreux et le soleil est au rendez-vous à l'heure où les rigueurs de l'hiver envahissent l'hémisphère Nord.

EN 2023

Les premiers essais sont déroutants. Dans le cadre des tests concernant les jeunes pilotes, peut-être futures stars de la F1, pas moins de dix garçons prennent le volant : ils se nomment Bearman, Doohan, O'Sullivan, O'Ward, Drugovitch, Schwartzman, Dennis, Hadjar, Vesti et Pourchaire. Ces deux derniers disputent d'ailleurs le titre de F2 ici même, qui revient finalement au Français Théo Pourchaire. Abu Dhabi est aussi le grand prix des départs : Franz Tost laissera les commandes du team Alpha Tauri (qui change de nom) à Laurent Mekies et Alfa Romeo s'en va. L'enjeu de la course concerne la 2e place du championnat des constructeurs, Ferrari étant à 4 points derrière Mercedes. Aux essais, Sainz fracasse sa Ferrari dans le rail. L'équipe perd donc un élément d'attaque et Leclerc tente de se débrouiller tout seul pour aider la Scuderia, derrière un Verstappen impérial. Mais Russell, en 3e position, conserve l'avantage pour Mercedes, tandis que, 4e, Pérez assure son contrat : la 2e place au championnat.

POLE POSITION
Verstappen, Red Bull-Honda, en 1'23"445 (moyenne 227,833 km/h)

PODIUM
1- VERSTAPPEN, Red Bull-Honda, les 58 tours en 1h27'02"624 (moyenne 211,054 km/h)
2- LECLERC, Ferrari, à 17"993
3- RUSSELL, Mercedes, à 20"328

MEILLEUR TOUR
VERSTAPPEN, Red Bull-Honda, en 1'26"993 au 45e tour (moyenne 218,541 km/h)

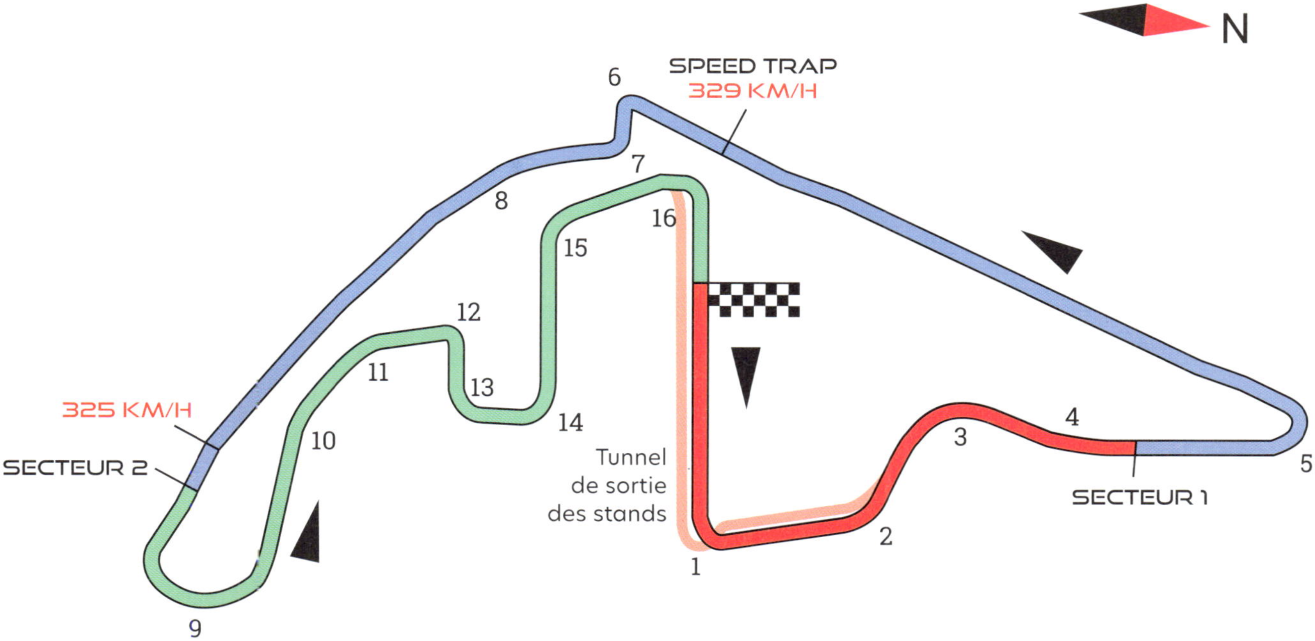

L'ŒIL DE L'INGÉNIEUR

Pas de répit pour le dernier grand prix

La température de la piste perd plusieurs degrés entre le début de la course qui s'effectue de jour et la fin de la course, de nuit, ce qui peut modifier l'équilibre des monoplaces avec, généralement, plus de sous-virage. En 2023, quelques secondes avant de quitter la grille, Dudley informait Russell que, depuis le tour d'installation, l'asphalte était passé de 36 à 34 °C. En conséquence, le pilote britannique décida d'ajouter 0,3 % d'appui à l'avant, sachant qu'il lui restait de la marge pour « fermer » ses différentiels s'il devait souffrir de survirage. Réglages différents pour Hamilton, conscient que son aileron avant était désormais moins chargé de quatre « clics » par rapport à son coéquipier – certains pilotes, comme Russell ou Alonso, adoptent un jargon plus « scientifique » et parlent en pourcentages ; d'autres, comme Hamilton ou Verstappen, gardent un langage pratique en évoquant le nombre de clics à ajouter ou à enlever sur l'aileron avant. « Acceptable », lui indiquait Bonnington, à condition de prendre soin des pneus avant, davantage sollicités depuis les modifications apportées au tracé en 2021. Virages clés pour la gestion : 2-3 (gare aux bosses !) et 15-16 pour l'arrière.

CIRCUIT DE YAS MARINA

Longueur
5,281 km

Sens
ANTI HORAIRE

16 virages
6 à gauche,
10 à droite

Distance de la pole au 1er freinage
201 m

Pleine charge accélérateur
62% du tour

Changements de vitesse par tour
60

Énergie freinage
MOYENNE

Consommation
MOYENNE

Longueur zone des stands
358 m

Temps moyen pour un changement de pneus standard
22 secondes

Le premier virage est souvent imprévisible. Ici Sergio Pérez (Red Bull) a décollé sur la roue de la Ferrari de Charles Leclerc au Grand Prix du Mexique 2023.

CAHIER DU ROOKIE

Derrière une dramaturgie savamment entretenue où les pilotes défient autant leur destin que des adversaires farouchement déterminés se cache une discipline très complexe avec ses codes, son jargon et ses références pas toujours accessibles aux nouveaux passionnés. Voici quelques clés de compréhension pour apprécier au mieux ce sport fascinant qui procure tant de sensations fortes.

DO YOU SPEAK FORMULE 1 ?

Comme tout sport, le monde de la Formule 1 possède son propre jargon. Et pour en comprendre toutes les subtilités, mieux vaut avoir choisi anglais en première langue ! Décryptage...

A

Antipatinage
Système régulant électroniquement la transmission de la puissance aux roues arrière afin de leur éviter de patiner. Un tel dispositif est désormais interdit en Formule 1.

Appui (aérodynamique)
Pression verticale de l'air exercée sur une monoplace en action permettant d'augmenter l'adhérence de celle-ci. L'appui aérodynamique augmente en fonction du carré de la vitesse.

Aspiration
Phénomène aérodynamique permettant à une voiture de bénéficier d'un gain de performance lorsqu'elle se trouve dans le sillage d'une autre monoplace. Elle est alors confrontée à une moindre résistance de l'air et gagne ainsi en vitesse de pointe.

Astroturf
Type de gazon artificiel parfois utilisé sur les bas-côtés d'une piste, en remplacement d'un bac à gravier.

B

Bac à gravier
Bas-côté d'une piste composé de gravillons destinés à freiner une voiture en perdition.

Back to back
Expression utilisée lorsque deux grands prix sont organisés deux week-ends de suite.

Banking
Caractéristique d'un virage présentant une inclinaison.

Baquet
Siège moulé autour de la physionomie du pilote, permettant à ce dernier de faire corps avec sa monoplace.

Bottoming
Talonnage du soubassement de la voiture sur la piste.

C

CFD
La technologie Computational Fluid Dynamics (CFD) consiste à modéliser de manière numérique des phénomènes aérodynamiques. Pour les équipes de Formule 1, c'est une technologie complémentaire aux essais en soufflerie.

Chicane
Portion d'un circuit, composée de deux virages successifs de direction opposée, destinée à ralentir les monoplaces.

Clipping
Phénomène durant lequel un groupe propulseur ne bénéficie pas du surcroît de puissance censé être fourni par le système hybride.

Cockpit
Habitacle d'une monoplace.

Commissaires
Membres de l'organisation encadrant le bon fonctionnement d'un grand prix. Il existe des commissaires de piste, postés et intervenant autour du circuit, des commissaires techniques, chargés d'examiner la conformité des voitures engagées, et des commissaires sportifs, chargés d'examiner et de juger le déroulement de la compétition.

Cool room
Salle de détente par laquelle passent les trois premiers classés d'un grand prix avant de monter sur le podium.

Crash-test
Test obligatoire permettant de mettre à l'épreuve la rigidité d'une monoplace en soumettant son châssis à des chocs localisés d'intensité variable. C'est une étape majeure dans le processus d'homologation d'une monoplace.

D

Directeur de course
Officiel nommé par la FIA surpervisant le déroulement d'un week-end de course. La Formule 1 dispose d'un directeur unique, l'Allemand Niels Wittich.

Drive through
Pénalité pouvant être infligée à un pilote par le collège des commissaires en cours de grand prix. Elle consiste à imposer au concurrent fautif un passage dans la voie des stands (sans arrêt au stand) en respectant la limitation de vitesse imposée dans cette zone.

Drag Reduction System (DRS)
Dispositif aérodynamique permettant d'aplanir le volet supérieur de l'aileron arrière afin d'augmenter ponctuellement la vitesse de pointe d'une monoplace en réduisant sa traînée aérodynamique.

E

Échappatoire
Voie de dégagement de sécurité prolongeant un virage.

Electronic Control Unit (ECU)
Boîtier électronique imposé par le pouvoir sportif dans chaque monoplace afin de monitorer les données collectées par les systèmes de télémétrie.

Effet de sol
Phénomène aérodynamique permettant de générer de l'appui sous une monoplace.

Energy Recovery System (ERS)
Système de récupération d'énergie présent sur le groupe propulseur des F1 hybrides. Il est composé de deux systèmes, le MGU-K et le MGU-H.

Essais libres
Séances d'essais organisées dans le cadre d'un week-end de grand prix permettant aux concurrents de se préparer en vue de la course.

Essais privés
Séances d'essais organisées hors du cadre d'un grand prix. Longtemps libres en quantité, ces essais sont désormais drastiquement limités.

Extérieur
Faire l'extérieur consiste à doubler un concurrent dans un virage en utilisant la partie droite de la piste dans un virage à gauche ou la partie gauche de la piste dans un virage à droite.

F

FIA
La Fédération internationale de l'automobile est l'autorité détenant le pouvoir sportif en matière de sport automobile.

Flap Gurney
Petite réglette très fine apposée sur le bord de fuite de l'aileron arrière.

Formula One Management (FOM)
Cette société, créée à l'origine par Bernie Ecclestone, est le promoteur de la Formule 1. Appartenant aujourd'hui au groupe américain Liberty Media, elle a la charge de tous les aspects commerciaux et financiers de la F1.

FP
Abréviation de Free Practice (essais libres). Les FP1, FP2 et FP3 désignent les trois séances d'essais libres organisées le vendredi et le samedi précédant la course.

G

G (force)
Unité de mesure égale à l'accélération de la pesanteur. Elle est utilisée pour évaluer les forces s'exerçant sur le corps d'un pilote en virage (jusqu'à 5 G) ou l'intensité d'un choc en cas d'accident (pouvant dépasser 100 G).

Graining
Dégradation plus ou moins importante sur la surface de la bande de roulement du pneu.

Grip
Terme anglais pour désigner l'adhérence.

H

Halo
Arceau de sécurité imposé en 2018 surplombant le cockpit d'une monoplace et permettant de protéger la tête des pilotes.

Head and Neck Support (HANS)
Dispositif de sécurité installé sur les casques afin d'éviter qu'un pilote soit victime du coup du lapin en cas de choc.

Harnais
Ceinture de sécurité composée de six sangles permettant au pilote d'être maintenu dans le cockpit en cas d'accident.

I

Intérieur
Faire l'intérieur consiste à doubler un concurrent dans un virage en utilisant la partie gauche de la piste dans un virage à gauche ou la partie droite de la piste dans un virage à droite.

L

Lift and coast (LICO)
Technique de pilotage développée depuis l'apparition des moteurs hybrides consistant à lever le pied de l'accélérateur de manière anticipée avant un freinage afin d'économiser du carburant et optimiser la récupération d'énergie.

M

Marsouinage
Phénomène aérodynamique se manifestant sur les monoplaces à effet de sol sous la forme d'un pompage vertical.

MGU-H
Système de récupération d'énergie permettant de transformer la chaleur dissipée par les échappements en énergie électrique.

MGU-K
Système de récupération d'énergie permettant de transformer l'énergie cinétique du freinage en énergie électrique.

O

Out-lap
Nom donné au tour parcouru en course par un pilote lorsqu'il sort des stands au volant d'une monoplace généralement équipée de pneus chauds.

Overcut
Stratégie consistant à rester plus longtemps en piste avec le même train de pneus que son adversaire direct.

P

Paddock
Espace situé derrière les stands d'un circuit et sur lequel s'installent les camions et les motor-homes des équipes.

Parc fermé
Régime sous lequel toute intervention mécanique sur les monoplaces est interdite.

Pitlane
Voie des stands.

Pit-stop
Terme anglais désignant un arrêt au stand. La réglementation actuelle impose au moins un arrêt au stand par grand prix afin de chausser un autre type de pneus que celui utilisé au départ.

Pit-wall
Muret séparant la piste et la voie des stands. Une partie de la direction de l'équipe prend place le long de ce muret lors de la course.

Plat
Un plat sur un pneu est une conséquence d'un blocage de roue lors d'un freinage raté.

Pole position
Première position sur la grille de départ, réservée au pilote s'étant montré le plus rapide lors des essais qualificatifs.

Powertrain
Terme anglais désignant un groupe propulseur composé d'un moteur à combustion interne associé à un ou plusieurs systèmes de récupération d'énergie.

Q

Qualifications
Afin de pouvoir participer à un grand prix, un concurrent doit participer aux essais qualificatifs qui permettent d'établir l'ordre de départ en fonction des performances réalisées lors de cette séance. Pour se qualifier, un pilote doit signer un chrono inférieur à 107 % de la pole position.

R

Remote Operation Room
Nom donné à la cellule mobilisée au siège de chaque équipe de F1 lors des week-ends de grand prix. À distance, elle apporte un support d'analyse précieux à l'équipe présente sur le terrain.

Run-off
Terme anglais désignant les zones de dégagement bordant les circuits.

S

Safety car (SC)
Voiture de sécurité intervenant en piste lors de la neutralisation d'une course.

Secteur
Chaque circuit est virtuellement divisé en trois parties faisant l'objet d'un chronométrage spécifique. Chaque secteur est divisé en micro-secteurs destinés à mesurer la vitesse de façon encore plus précise.

Shoot-out
Séance d'essais déterminant l'ordre de départ d'une course sprint, introduite en 2023.

Simulateur
Dispositif permettant de modéliser numériquement et de reproduire de manière artificielle le comportement d'une monoplace sur un circuit donné. Il se compose d'un écran grand format et d'un cockpit installé sur des vérins permettant de restituer les mouvements de la voiture.

Soufflerie ou wind tunnel
Dispositif permettant de réaliser des mesures d'efficacité aérodynamique d'une monoplace. La quantité de tests menés en soufflerie est désormais réglementée par le pouvoir sportif.

Sous-virage
Comportement d'une monoplace dont le train avant peine à s'inscrire dans la courbe et manifeste une tendance à se diriger vers l'extérieur de la courbe.

Sprint
Course courte organisée le samedi précédent certains grands prix et faisant l'objet d'une attribution de points spécifique pour les huit premiers concurrents classés. Sa distance correspond à un tiers de la durée d'un grand prix. Elle a été testée pour la première fois en 2021 lors du GP de Grande-Bretagne.

Stop-and-go
Sanction pouvant être imposée par le collège des commissaires à un concurrent fautif en cours de grand prix. Elle consiste à effectuer un arrêt au stand d'une durée déterminée (généralement 5 ou 10 secondes) sans que l'équipe puisse intervenir sur la voiture.

Survirage
Comportement d'une monoplace dont le train arrière a tendance à dériver vers l'extérieur d'une courbe.

T

Team principal
Patron opérationnel d'une équipe de Formule 1 représentant celle-ci auprès du pouvoir sportif.

Tear off
Pellicule plastique transparente recouvrant la visière d'un casque. Elle est destinée à être enlevée par le pilote en cours d'épreuve afin d'améliorer sa visibilité parfois amoindrie par des projections (de gomme, d'insectes, d'huile…) sur la visière.

Télémétrie
Système de transmission en temps réel de données techniques enregistrées sur la voiture par le biais de capteurs. Les données transmises sont analysées en temps réel par les ingénieurs de l'équipe.

Tour de formation
Ultime tour de piste effectué avant le départ d'un grand prix par les concurrents afin de se positionner à l'emplacement qui leur est destiné sur la grille de départ.

Track limit
Termes anglais désignant les limites de la piste. Celles-ci sont représentées par une ligne blanche tracée de chaque côté de la piste. Un concurrent mettant quatre roues au-delà de cette limite est susceptible d'être sanctionné.

Traînée (aérodynamique)
Phénomène aérodynamique produit par la voiture dès qu'elle se met en mouvement et qui la ralentit par frottement avec l'air.

U

Undercut
Décision stratégique consistant, pour un pilote, à procéder à un arrêt au stand avant son adversaire direct.

Unsafe release
Manœuvre consistant, lors d'un arrêt au stand, à relâcher un pilote sur la pitlane de manière jugée dangereuse pour un autre concurrent.

V

Vibreur
Trottoir biseauté, généralement peint, bordant la piste à l'intérieur et à l'extérieur d'un virage.

Virtual safety car (VSC)
Procédure permettant de neutraliser une course sans faire entrer en piste la voiture de sécurité. La vitesse des concurrents est régulée sur une période donnée.

AU NOM DE LA LOI

En attendant une profonde modification du règlement technique à l'horizon 2026, la Formule 1 évolue cette saison dans un contexte réglementaire quasiment inchangé. Voici quelques bases à connaître.

LES NOUVEAUTÉS 2024

Nouveau format pour les courses sprint

La FIA a décidé de répondre favorablement aux demandes des équipes qui se plaignaient que la course sprint intervienne entre les qualifications et la course du dimanche, ce qui impliquait que les voitures soient sous régime de parc fermé dès le vendredi soir. Ce nouveau format qui devrait être validé par le Conseil mondial de la FIA le 28 février se présente ainsi :

- vendredi matin : FP1
- vendredi après-midi : shoot-out déterminant la grille de départ de la course sprint (une séance qualificative express avec une Q1 de 12 minutes, une Q2 de 10 minutes, une Q3 de 8 minutes) ;
- samedi matin : course sprint ;
- samedi après-midi : qualifications pour le grand prix ;
- dimanche après-midi : grand prix.

Les six meetings devant organiser une course sprint en plus du grand prix sont : la Chine, Miami, l'Autriche, Austin, le Brésil et le Qatar.

Augmentation du quota de groupes propulseurs

Sous réserve d'approbation par le Conseil mondial de la FIA le 28 février, l'allocation d'éléments mécaniques est revue à la hausse pour cette saison de 24 grands prix. Chaque voiture dispose désormais d'un quota de 4 moteurs à combustion (ICE), 4 MGU-H, 4 MGU-K, 4 turbos, 8 échappements, 2 batteries de système hybride (ES) et 2 unités de contrôle électronique (CE). Au-delà de ce quota, comme d'habitude, des pénalités seront infligées au pilote : 10 places de pénalité au départ du grand prix où est utilisé le premier élément supplémentaire, puis 5 places pour les éléments supplémentaires suivants.

Utilisation du DRS

Désormais, le directeur de course peut autoriser l'usage du DRS à partir du 2e tour de course (et non plus du 3e) ou du 2e tour suivant un restart après une procédure de safety car.

Amélioration de l'aération des pilotes

Après le coup de chaud vécu par les pilotes lors du Grand Prix du Qatar, la FIA autorise désormais la présence d'une prise d'air permettant de diriger de l'air dans l'habitacle afin de refroidir le pilote.

Ajustement concernant les essais privés

En dehors des très rares jours d'essais privés autorisés avec une voiture de l'année, les équipes peuvent faire quelques essais avec des voitures de l'année 2022 - à effet de sol, donc. Ces autos ne devront rouler qu'avec des pièces déjà utilisées en grand prix par le passé et non avec de nouvelles pièces. Par ailleurs, les équipes pourront éventuellement procéder à quatre jours d'essais supplémentaires avec la voiture 2024 dans le cadre d'un projet mené par la FIA visant à réduire les effets des projections d'eau sur les voitures suiveuses.

LES BASES DU RÈGLEMENT

Qualifications

Elles sont divisées en trois phases, dont deux sont éliminatoires. À l'issue de la Q1, qui dure 18 minutes, seuls les 15 concurrents les plus rapides sont invités à disputer la phase suivante. À l'issue de la Q2, qui dure 15 minutes, seuls les 10 concurrents les plus rapides sont autorisés à participer à l'ultime phase. La Q3, qui dure 12 minutes, détermine l'ordre de départ pour les cinq premières lignes de la grille.

Départ

Il n'est pas donné par un feu vert, comme c'était le cas dans le passé, mais par l'extinction des feux rouges.

Drapeaux

À tout moment, les pilotes doivent respecter les drapeaux déployés par les commissaires de piste. Chaque drapeau a une signification :

- **jaune** pour obliger les concurrents à baisser leur vitesse ;
- **bleu** pour indiquer à un concurrent qu'un pilote s'apprête à lui prendre un tour ;
- **à damier** pour marquer la fin de la course ;
- **rouge** pour indiquer une interruption de course ;
- **rayé jaune et rouge** pour signifier un changement d'adhérence ;
- **vert** pour signifier que la piste est pleinement praticable ;
- **noir et blanc** pour notifier un avertissement à un pilote ;
- **noir** pour indiquer la disqualification immédiate d'un pilote ;
- **rond orange sur fond noir** pour sommer un pilote de rentrer au stand ;
- **blanc** pour indiquer la présence d'un véhicule de secours sur la piste.

Durée des courses

La longueur des courses est d'environ 305 km, à l'exception du Grand Prix de Monaco dont la distance est réduite à environ 260 km. La durée d'une course ne peut excéder deux heures. En cas d'interruption de course, la durée passée en piste additionnée à la durée de l'interruption ne peut excéder trois heures.

Neutralisation

Pour des raisons de sécurité, la course doit parfois être neutralisée. La direction de course dispose alors de plusieurs moyens pour modérer le rythme des concurrents : drapeau jaune sur une portion du circuit, voiture de sécurité virtuelle ou intervention en piste d'une voiture de sécurité. En cas extrême, la course peut être arrêtée au drapeau rouge.

Interruption avant terme

Si une course est définitivement interrompue avant son terme, seule une partie des points sera attribuée : de 1 à 6 points aux cinq premiers si la distance parcourue est comprise entre deux tours et 25 % de la distance initiale ; de 1 à 13 points aux neuf premiers si la distance est comprise en 25 et 50 % de la distance initiale ; de 1 à 19 points aux dix premiers si la distance est comprise en 50 et 75 % de la distance. Au-delà de 75 %, l'intégralité des points sera attribuée.

DRS

Les pilotes peuvent bénéficier ponctuellement du DRS s'ils sont à moins d'une seconde du pilote qui les précède au passage de la ligne de détection. Le DRS est activé par le pilote au passage de la ligne d'activation et se déconnecte automatiquement lorsque le pilote décélère. Le DRS est interdit sous la pluie. Il peut être utilisé librement lors des essais libres et qualificatifs.

Usage des pneus

Le nombre de pneus pouvant être utilisés sur un week-end de grand prix est limité à 13 trains de pneus pour temps sec, 4 trains de pneus intermédiaires et 3 trains de pneus pluie. À chaque grand prix, Pirelli apporte trois spécifications de pneus différentes et chaque pilote doit utiliser au moins deux spécifications différentes durant la course.

Limitation des boîtes de vitesses

Comme pour les groupes propulseurs, le nombre de boîtes de vitesses et de composants auxiliaires est limité : cinq unités par voiture et par saison (pour une saison de 24 courses). Au-delà de ce quota, une pénalité de 5 places sur la grille de départ du grand prix concerné est infligée au pilote.

Limitation budgétaire

Depuis 2021, le budget des équipes est désormais plafonné. Pour cette année, la limite est fixée à 140,4 millions de dollars.

Fermetures imposées

Pendant l'année, les usines de F1 sont obligées d'interrompre leur activité en deux occasions : quatorze jours durant la période estivale à une date imposée et neuf jours à partir du 24 décembre.

Groupes propulseurs hybrides

Ils sont composés d'un moteur à V6 de 2,4 litres de cylindrée suralimenté par un turbocompresseur et deux systèmes hybrides. Leur développement est gelé jusqu'à la fin de saison 2025.

Pneus

Depuis 2022, les pneus utilisés en Formule 1 sont construits pour des jantes de 18 pouces de diamètre et non plus 13 pouces. La gamme fournie par Pirelli comprend cinq spécifications (nommées C1 à C5, du plus dur au plus tendre), auxquelles s'ajoutent des pneus intermédiaires et des pneus pluie pour faire face aux conditions humides en toute sécurité.

Poids minimum

La masse de la voiture (sans carburant) ne peut être inférieure à 798 kg (pilote à bord).

Consommation

Le débit d'essence ne peut excéder 100 kg/h.

Ravitaillements en course

Ils sont interdits.

LE LIVRE DES RECORDS

Avec des énergumènes tels que Lewis Hamilton, Fernando Alonso et Max Verstappen au départ de cette saison, il faut s'attendre à de nouveaux records !

STATISTIQUES PILOTES

→ Lewis Hamilton lors de sa 103e victoire (GP d'Arabie saoudite 2021), record absolu

Plus grand nombre de titres mondiaux :
Michael Schumacher et Lewis Hamilton, 7 titres.

Plus grand nombre de titres mondiaux consécutifs :
Michael Schumacher, 5 titres de 2000 à 2004.

Champion du monde le plus jeune :
Sebastian Vettel, titré en 2010 à 23 ans, 4 mois et 11 jours.

Champion du monde le plus vieux :
Juan Manuel Fangio, titré en 1957 à 46 ans, 1 mois et 11 jours.

Plus grand nombre de victoires :
Lewis Hamilton, 103.

Plus grand nombre de victoires consécutives :
Max Verstappen, 10 (en 2023).

Plus grand nombre de victoires en une saison :
Max Verstappen, 19 (en 2023).

Vainqueur parti le plus loin sur la grille :
John Marshall Watson (GP de Long Beach 1983), parti de la 22e position.

Plus jeune vainqueur :
Max Verstappen, 18 ans, 7 mois et 15 jours (GP d'Espagne 2016).

Plus vieux vainqueur :
Luigi Fagioli, 53 ans et 22 jours (GP de France 1951).

Vainqueur dès son premier grand prix :
Giuseppe Farina (GP de Grande-Bretagne 1950) et Giancarlo Baghetti (GP de France 1961).

Vainqueur après la plus longue attente :
Sergio Pérez (190 GP).

Pilote ayant le plus grand nombre de podiums :
Lewis Hamilton, 197.

Pilote ayant le plus grand nombre de podiums consécutifs :
Michael Schumacher, 19 (entre le GP des USA 2001 et le GP du Japon 2002).

Plus grand nombre de pole positions :
Lewis Hamilton, 104.

Plus grand nombre de pole positions consécutives :
Ayrton Senna, 8 (entre le GP d'Espagne 1988 et le GP des USA 1989).

Plus grand nombre de pole positions en une saison :
Sebastian Vettel, 15 (en 2011).

En pole dès son premier grand prix :
Giuseppe Farina, Mario Andretti, Carlos Reutemann et Jacques Villeneuve.

Poleman le plus jeune :
Sebastian Vettel, 21 ans, 2 mois et 11 jours (GP d'Italie 2008).

Poleman le plus vieux :
Giuseppe Farina, 47 ans, 2 mois, 18 jours.

Plus grand nombre de meilleurs tours en course :
Michael Schumacher, 77.

Plus grand nombre de km en tête :
Lewis Hamilton, 27 776 km.

Plus grand nombre de km en tête en une saison :
Max Verstappen, 4 914 km (en 2023).

Plus grand nombre de points :
Lewis Hamilton, 4 639,5 points.

Pilote ayant disputé le plus grand nombre de GP :
Fernando Alonso, 378.

Plus jeune pilote au départ :
Max Verstappen, 17 ans, 5 mois et 15 jours (GP d'Australie 2015).

Plus vieux pilote au départ :
Louis Chiron, 55 ans, 9 mois et 19 jours (GP de Monaco 1955).

Plus grand nombre d'abandons :
Riccardo Patrese et Andrea De Cesaris, 147.

Plus grand nombre d'abandons consécutifs :
Andrea De Cesaris, 22.

STATISTIQUES CONSTRUCTEURS

Plus grand nombre de titres mondiaux Constructeurs :
Ferrari, 16.

Plus grand nombre de titres mondiaux Constructeurs consécutifs :
Mercedes, 8 (entre 2014 et 2021).

Plus grand nombre de titres mondiaux Pilotes :
Ferrari, 15.

Plus grand nombre de titres mondiaux Pilotes consécutifs :
Mercedes, 7 (de 2014 à 2020).

Champion du monde dès sa première saison :
Brawn Grand Prix en 2009.

Plus grand nombre de victoires :
Ferrari, 243.

Plus grand nombre de victoires consécutives :
Red Bull, 15 entre le GP d'Abu Dhabi et le GP d'Italie 2023).

Plus grand nombre de victoires en une saison :
Red Bull, 21 (sur 22 GP) en 2023.

Plus grand nombre de doublés :
Ferrari, 85.

Vainqueur dès son premier grand prix :
Alfa Romeo (GP de Grande-Bretagne 1950), Mercedes (GP de France 1954), Wolf (GP d'Argentine 1977) et Brawn GP (GP d'Australie 2009).

Plus grand nombre de pole positions :
Ferrari, 249.

Plus grand nombre de pole positions par doublé (1er et 2e sur la grille de départ) :
Mercedes et Ferrari, 83.

Plus grand nombre de pole positions consécutives :
Williams, 24 (entre le GP de France 1992 et le GP du Japon 1993).

Plus grand nombre de pole positions en une saison :
Mercedes, 20 en 2016.

En pole dès son premier grand prix :
Alfa Romeo (GP de Grande-Bretagne 1950), Lancia (GP d'Espagne 1954), Mercedes (GP de France 1955), Lola (GP des Pays-Bas 1962), March (GP d'Afrique du Sud 1970), Tyrrell (GP du Canada 1970) et Brawn GP (GP d'Australie 2009).

STATISTIQUES MOTORISTES

Plus grand nombre de titres mondiaux Constructeurs :
Ferrari, 16.

Plus grand nombre de titres mondiaux consécutifs :
Mercedes, 8 (entre 2014 et 2021).

Plus grand nombre de victoires :
Ferrari, 244.

Plus grand nombre de victoires consécutives :
Ford Cosworth, 22 (entre GP d'Autriche 1972 et GP d'Afrique du Sud 1974).

Plus grand nombre de victoires en une saison :
Red Bull Powertrains Honda, 21 en 2023.

Vainqueur dès son premier grand prix :
Alfa Romeo (GP de Grande-Bretagne 1950), Mercedes (GP de France 1954) et Honda Red Bull Powertrains (GP de Bahreïn 2023).

Plus grand nombre de pole positions :
Ferrari, 251.

Plus grand nombre de pole positions consécutives :
Mercedes, 31 (du GP d'Australie 2014 au GP d'Italie 2015).

Plus grand nombre de pole positions en une saison :
Mercedes, 20 en 2016.

En pole dès son premier grand prix :
Alfa Romeo (GP de Grande-Bretagne 1950), Lancia (GP d'Espagne 1954), Mercedes (GP de France 1955) et Red Bull Powertrains Honda (GP de Bahreïn 2023).

Architecture moteur comptant le plus de victoires :
V8 atmosphérique, 370.

STATISTIQUES GRAND PRIX

→ Sous la pluie, le Grand Prix de Belgique 2021 aura duré moins de 4 minutes

GP le plus rapide :
GP d'Italie 2003, victoire de Michael Schumacher sur Ferrari à 247,586 km/h.

GP (non interrompu) le plus lent :
GP de Monaco 1950 remporté par Juan Manuel Fangio à 98,701 km/h.

GP le plus long (en temps) :
GP d'Allemagne 1954, disputé en 3 h 45.

GP le plus long (en distance) :
GP de France 1951, disputé sur 601,832 km.

GP le plus court (en temps et en distance) :
GP de Belgique 2021, disputé en 3 min 27 s et sur 6,880 km.

GP avec le plus faible écart entre le 1er et le 2e :
GP d'Italie 1971, 0"010 entre Peter Gethin et Ronnie Peterson.

GP avec le plus gros écart entre le 1er et le 2e :
4'54 entre Jim Clark et Bruce McLaren au GP de Belgique 1963 ; 2 tours entre Jackie Stewart et Bruce McLaren au GP d'Espagne 1969.

GP avec le plus d'arrivants :
GP d'Europe (Valence) 2011, 24.

GP avec le moins d'arrivants :
GP de Monaco 1996, 3.

GP remportés par le poleman :
231.

STATISTIQUES SAISONS

→ Sebastian Vettel leader de bout en bout de la saison 2011

Saison la plus longue :
2021, 2022 et 2023 avec 22 GP. 24 GP sont prévus pour 2024 pour le moment.

Saisons ayant commencé le plus tôt :
1965 et 1968, premier GP disputé le 1er janvier.

Saison ayant terminé le plus tard :
1962, dernier GP disputé le 29 décembre.

Saisons où le titre s'est joué au dernier GP :
30.

Saison où le titre s'est joué le plus tôt :
2002, après 11 manches sur 17 (soit 64 % de la saison).

Saison avec le plus petit écart entre le 1er et le 2e :
1984, 0,5 point entre Niki Lauda et Alain Prost.

Saison avec le plus grand écart entre le 1er et le 2e :
2023, 290 points entre Max Verstappen et Sergio Pérez.

Saisons remportées par un pilote ayant mené, seul, le championnat du 1er au dernier GP :
1953 (Ascari), 1954 et 1957 (Fangio), 1959 (Brabham), 1969 (Stewart), 1991 (Senna), 1992 (Mansell), 1994, 2002 et 2004 (Schumacher), 1996 (D. Hill), 2009 (Button), 2011 (Vettel), 2015 (Hamilton), 2023 (Verstappen).

Saison avec le plus grand nombre de vainqueurs (pilotes) différents :
1982 (11 vainqueurs différents).

Saisons avec le plus petit nombre de vainqueurs (pilotes) différents :
3 en 1950, 1952, 1963, 1988, 2015 et 2023.

Saison avec le plus grand nombre de vainqueurs (constructeurs) différents :
7 en 1982.

Saison avec le plus petit nombre de constructeurs victorieux en grand prix :
1952, Ferrari victorieux de 7 GP*.

* Non compris les 500 Miles d'Indianapolis qui comptaient au championnat.

TABLEAU DE LA SAISON À REMPLIR

Pilotes	Écuries	Bahreïn 2 mars	Arabie saoudite 9 mars	Australie 24 mars	Japon 7 avril	Chine - Sprint 20 avril	Chine 21 avril	Miami - Sprint 4 mai	Miami 5 mai	Émilie-Romagne 19 mai
Max Verstappen	Red Bull									
Sergio Pérez	Red Bull									
Lewis Hamilton	Mercedes									
George Russell	Mercedes									
Charles Leclerc	Ferrari									
Carlos Sainz Jr.	Ferrari									
Lando Norris	McLaren									
Oscar Piastri	McLaren									
Fernando Alonso	Aston Martin									
Lance Stroll	Aston Martin									
Pierre Gasly	Alpine									
Esteban Ocon	Alpine									
Yuki Tsunoda	Visa Cash App RB									
Daniel Ricciardo	Visa Cash App RB									
Alexander Albon	Williams									
Logan Sargeant	Williams									
Valtteri Bottas	Sauber Stake F1 Team									
Guanyu Zhou	Sauber Stake F1 Team									
Nico Hülkenberg	Haas									
Kevin Magnussen	Haas									

GRAND PRIX

Position	1er	2e	3e	4e	5e	6e	7e	8e	9e	10e	Meilleur tour*
Points	25	18	15	12	10	8	6	4	2	1	1

*Point attribué seulement si l'auteur du meilleur tour est classé dans le Top 10.

COURSE SPRINT

Position	1er	2e	3e	4e	5e	6e	7e	8e
Points	8	7	6	5	4	3	2	1

TABLEAU DE LA SAISON À REMPLIR

Pilotes	Écuries	**Monaco** 26 mai	**Canada** 9 juin	**Espagne** 23 juin	**Autriche - Sprint** 29 juin	**Autriche** 30 juin	**Grande-Bretagne** 7 juillet	**Hongrie** 21 juillet	**Belgique** 28 juillet	**Pays-Bas** 25 août
Max Verstappen	Red Bull									
Sergio Pérez	Red Bull									
Lewis Hamilton	Mercedes									
George Russell	Mercedes									
Charles Leclerc	Ferrari									
Carlos Sainz Jr.	Ferrari									
Lando Norris	McLaren									
Oscar Piastri	McLaren									
Fernando Alonso	Aston Martin									
Lance Stroll	Aston Martin									
Pierre Gasly	Alpine									
Esteban Ocon	Alpine									
Yuki Tsunoda	Visa Cash App RB									
Daniel Ricciardo	Visa Cash App RB									
Alexander Albon	Williams									
Logan Sargeant	Williams									
Valtteri Bottas	Sauber Stake F1 Team									
Guanyu Zhou	Sauber Stake F1 Team									
Nico Hülkenberg	Haas									
Kevin Magnussen	Haas									

GRAND PRIX											
Position	**1er**	**2e**	**3e**	**4e**	**5e**	**6e**	**7e**	**8e**	**9e**	**10e**	**Meilleur tour***
Points	25	18	15	12	10	8	6	4	2	1	1

*Point attribué seulement si l'auteur du meilleur tour est classé dans le Top 10.